MUSÉE

DE

PEINTURE ET DE SCULPTURE,

OU

RECUEIL

DES PRINCIPAUX TABLEAUX,

STATUES ET BAS-RELIEFS

DES COLLECTIONS PUBLIQUES ET PARTICULIÈRES DE L'EUROPE.

DESSINÉ ET GRAVÉ A L'EAU FORTE
PAR RÉVEIL;

AVEC DES NOTICES DESCRIPTIVES, CRITIQUES ET HISTORIQUES,
PAR DUCHESNE AÎNÉ.

———

VOLUME I.

PARIS.

AUDOT, ÉDITEUR,
RUE DES MAÇONS-SORBONNE, N° 11.

———

1829.

PARIS. — IMPRIMERIE DE RIGNOUX,
rue des Francs-Bourgeois-Saint-Michel, n° 8.

MUSEUM

OF

PAINTING AND SCULPTURE,

OR

COLLECTION

OF THE PRINCIPAL PICTURES,

STATUES AND BAS-RELIEFS

IN THE PUBLIC AND PRIVATE GALLERIES OF EUROPE,

DRAWN AND ETCHED

BY RÉVEIL:

WITH DESCRIPTIVE, CRITICAL AND HISTORICAL NOTICES,

By DUCHESNE Senior.

———

VOLUME I.

———

LONDON:

TO BE HAD AT THE PRINCIPAL BOOKSELLERS
AND PRINTSHOPS.

—

1829.

PARIS : PRINTED BY RIGNOUX,
8, Francs-Bourgeois S.-Michel's Street.

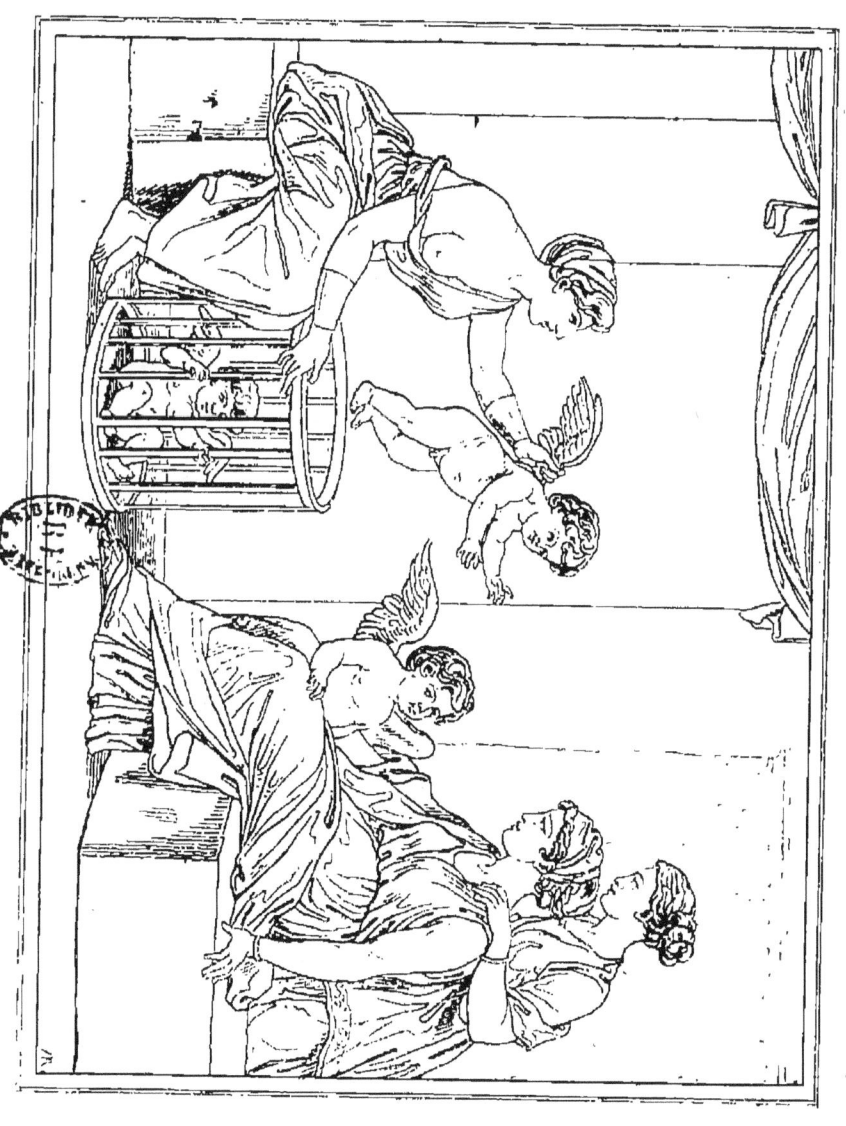

MARCHANDE D'AMOURS.

Cette composition, l'une des plus agréables de celles qui se sont trouvées parmi les peintures antiques, présente une allégorie dont il n'est pas facile de retrouver le sens. Les uns ont cru y voir trois Amours : le premier, encore dans l'ignorance, est au fond d'une cage et cherche à donner l'essor à ses sens; le second exprime ses désirs en étendant les mains vers la beauté; le troisième s'est emparé de la place et paraît maîtriser celle qui l'a adopté. D'autres ont voulu voir l'Amour cherchant à fuir pour se réfugier dans le sein de Vénus, accompagné de la Persuasion. D'autres enfin ont vu dans ces figures deux jeunes beautés timides et embarrassées pour faire choix d'un des Amours que leur présente une femme, et de là est venu le nom de la *Marchande d'Amours*.

Cette peinture, découverte à Gragnano le 13 juin 1759, est maintenant dans le Musée royal de Naples. La tunique de la jeune fille assise à droite, est d'un bleu céleste, son manteau est vert, et ses cheveux sont ornés d'une bandelette blanche; celle qui tient un Amour par les ailes porte un vêtement jaune; ses deux bras sont couverts d'une espèce de brassarts en étoffe verte.

Il existe plusieurs gravures de cette charmante composition : l'une est de C. Nolli, la seconde de N. Lemire, et la troisième de F. A. David.

Larg., 2 pieds 7 pouces; haut., 2 pieds 1 pouce.

THE MARKET OF LOVE.

This composition, one of the most agreeable found among the antique paintings, presents an allegory the meaning of which it is not easy to find. Some have thought they discerned in it, three Loves : the first, yet in ignorance, is at the bottom of a cage, endeavouring to take wing ; the second expresses his wishes by extending his hands towards beauty; the third has got possession of the market place, and seems to master her, who has adopted him. Others have thought that Love was seeking to flee, to take refuge in the bosom of Venus, who is accompanied by Persuasion. Others again have thought they distinguished in these figures, two timid young beauties, per-plexed in the choice of one of the Loves presented to them by a woman : thence is derived the appellation of the *Market of Love.*

This painting was discovered June 13, 1739, at Gragnano ; and is now in the Royal Museum at Naples. The tunic of the young girl, sitting on the right hand, is of a sky blue, her man-tle is green, and her hair is adorned with a white fillet : the one holding a Love by the wings, has a yellow dress, both her arms are covered with a kind of green stuff brassets, or vambraces.

There exist several engravings of this charming composition : one by C. Nolli, the second by N. Lemire, and the third by F. A. David.

Width, 2 feet 9 inches; height, 2 feet 2 inches.

522.

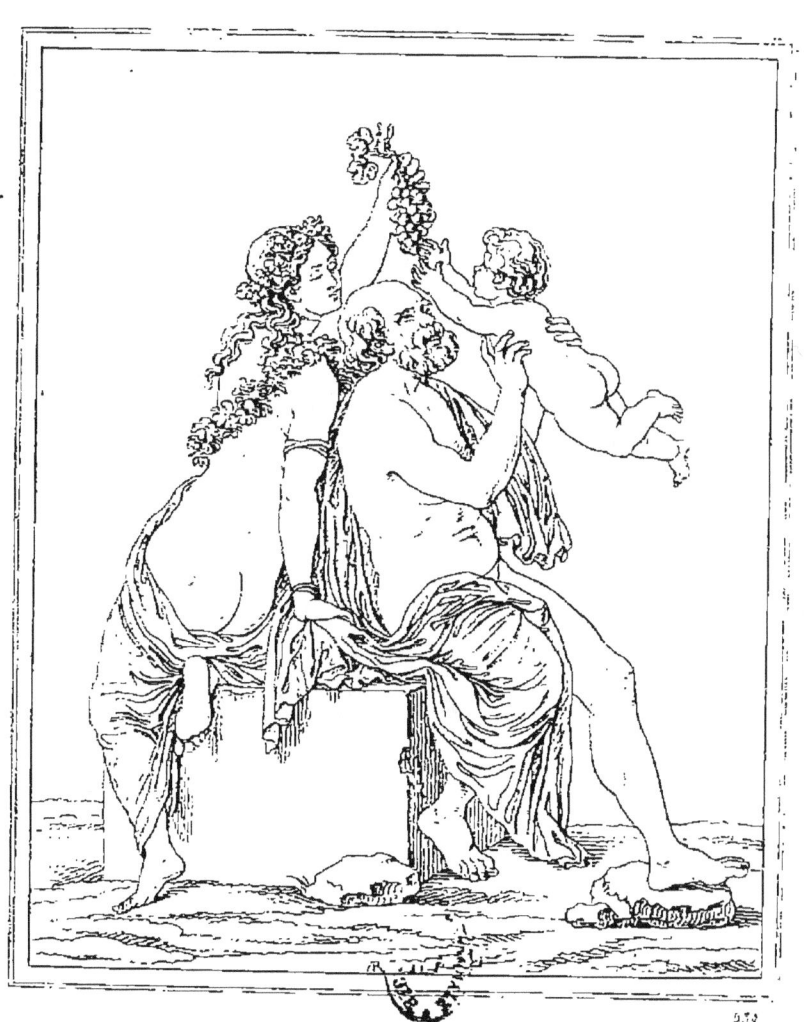

SILÈNE ET BACCHUS ENFANT.

SILÈNE
ET BACCHUS ENFANT.

Ce groupe n'est qu'un fragment de la composition antique,
qui fut découverte à Portici en 1747, et dans laquelle on voyait
en outre Mercure assis, tenant sa lyre, puis un Satyre et deux
Nymphes; sur le devant était couchés l'âne de Silène et une
panthère.

Ces figures n'ayant rien d'agréable, on a cru pouvoir les sup-
primer, ainsi que le fond qui offrait un rocher et un arbre d'un
côté, puis une colonne tronquée, près de laquelle se trouvait
placé Mercure.

Le vieux Silène, gouverneur de Bacchus, tient entre ses
mains le jeune dieu qui cherche à prendre une grappe de rai-
sin que lui présente une des Nymphes, auxquelles Jupiter avait
confié l'éducation de Bacchus.

Ce groupe est plein de grâce, et donne une idée favorable du
talent des anciens. Quant à la couleur et à l'effet, nous ne pou-
vons plus en juger, à cause du changement que le temps a nécessairement apporté dans toutes les fresques antiques.

Celle-ci est conservée au Musée de Naples; elle a été gravée
dans son entier par Ant. Morghen et par David. Le groupe que
nous donnons ici a été gravé séparément par Macret dans le
Voyage d'Italie, publié par l'abbé de Saint-Non.

La peinture entière porte :

Haut., 2 pieds 4 pouces ; larg., 2 pieds 1 pouce.

≥)ⓐ⋵⋜

SILENUS,

AND THE INFANT BACCHUS.

This group is a fragment only of the Antique composition, discovered, in 1747, at Portici, in which there was also a Mercury, holding a lyre, besides a Satyr and two Nymphs : on the fore-ground lay the ass of Silenus, and a Panther.

These figures offering nothing agreeable, it has been thought advisable to suppress them, with the back-ground, presenting a rock and a tree on one side; also a broken column, near which was placed Mercury.

Old Silenus, the preceptor of Bacchus, holds between his hands the young god; who is endeavouring to take a bunch of grapes, presented to him by one of the Nymphs, to whom Jupiter had intrusted the education of Bacchus.

This group is graceful, and gives a favorable idea of the talent of the ancients. As to the colouring and effect they can no longer be judged, in consequence of the change operated by time in all antique Frescos.

This whole of this painting is preserved in the Museum of Naples, and has been engraved by Ant. Morghen, and by David. The group given here has been engraved separately by Macret, in the Abbé de St. Non's *Voyage d'Italie*.

Size of the entire painting :

Height, 2 feet 6 inches; width, 2 feet 2 ½ inches.

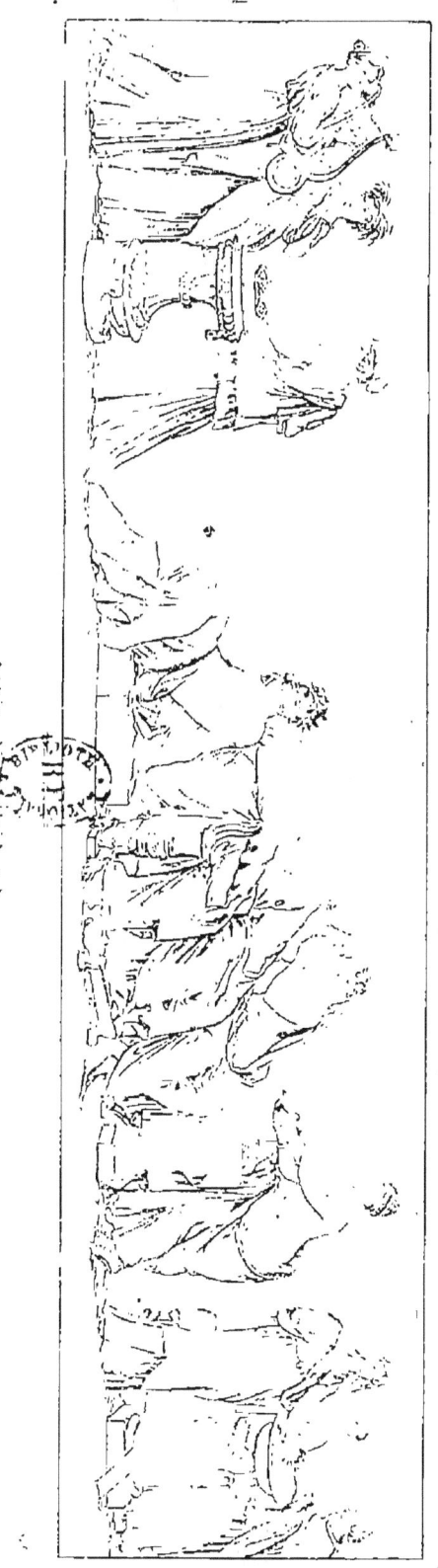

NOCE ALDOLBRANDINE.

Cette célèbre peinture antique représente un mariage des anciens, avec quelques - uns des usages dont ils étaient ordinairement accompagnés.

L'époux presque nu, ayant sur la tête une couronne de feuillage, est assis près du lit sur une estrade. L'épouse, revêtue du *flammeum*, voile très-ample qui l'enveloppait entièrement, est assise sur le bord du lit ; elle reçoit les consolations et les avis d'une des *pronubæ*, femmes qui accompagnaient l'épousée et la dirigeaient pendant la cérémonie. Près de là, une autre femme brûle quelques parfums, peut-être bien pour chasser les sortilèges, contre lesquels les anciens étaient toujours en garde. Tout-à-fait à droite, on voit une prêtresse mettant la main dans un bassin rempli d'eau lustrale, destinée à l'aspersion de la chambre, et deux femmes paraissent être attentives à cette action. Au côté opposé, trois autres femmes paraissent occupées d'un sacrifice, pendant lequel l'une d'elles pince de la lyre.

Cette précieuse peinture antique a été trouvée à la fin du XVIe. siècle, dans l'endroit où étaient autrefois les jardins de Mécène. Le pape Clément VIII la fit alors transporter au palais Aldolbrandini, d'où lui est venu le nom de *Noce Aldolbrandine*.

Larg. , 6 pieds 6 pouces ? haut., 1 pied 8 pouces ?

THE ALDOBRANDINI MARRIAGE.

This celebrated antique painting represents an ancient marriage, with some of the rites practised on such occasions.

The husband, almost naked and crowned with a garland of leaves, is sitting on an estrade near the bed; the wife, covered with the *flammeum*, an ample veil that nearly hides her person, is seated on the bed-side, receiving the advice and consolation of the *pronubæ*, or women who accompanied and directed the bride during the ceremony. Near them is a woman burning incense; perhaps to dissipate malignant charms, against which the ancients were continually on their guard. On the right of the picture, is a priestess dipping her hand in a basin of lustral water, destined for the aspersion of the chamber; with two women, who seem intent upon her action: on the opposite side, are three women, who appear to be busied in a sacrifice, during which one of them plays upon the lyre.

This invaluable ancient painting was found, at the close of the XVI. century, in the spot formerly occupied by the gardens of Mecænas, and, by order of Clement VIII., transported to the Aldobrandini palace : whence its name, of the *Aldobrandini Marriage.*

Width, 6 feet 10 inches? height, 1 foot 9 inches?

NOTICE

SUR

JEAN CIMABUE.

Jean Cimabue, dont le nom est ordinairement francisé en celui de *Cimabué*, naquit à Florence en 1240. Sa famille était noble, et ne pensait certainement pas à lui laisser suivre la carrière des beaux-arts, exercée alors par quelques Grecs réfugiés en Italie.

Mais un goût naturel emporta Cimabue, et quoique ayant reçu une première impulsion de cette école remarquable par la raideur de son dessin, la sécheresse de ses draperies et par des expressions sans variété, Cimabue s'écarta de la route, et sut donner à son travail un caractère nouveau et bien supérieur à celui de ses contemporains.

Quelques personnes ont pensé que ce peintre travaillait aussi sous la conduite de Giunta, peintre pisan ; mais Lanzi le révoque en doute ; il ne croit pas non plus devoir lui attribuer les premiers ouvrages que l'on cite comme de lui à l'église de Sainte-Croix.

La nature ayant inspiré notre artiste, il l'étudia avec succès, et parvint à donner de l'âme à ses compositions, de l'expression à ses têtes ; ses draperies devinrent plus souples, il groupa ses figures avec plus de talent que les Grecs : pourtant il ne fut pas encore gracieux. Ses madones manquent de beauté, ses anges ont trop de similitude, et semblent être faits au patron. Mais on peut admirer un grand caractère dans ses têtes d'hommes, surtout dans celles des vieillards.

Ses travaux les plus remarquables sont dans l'église supérieure d'Assise.

NOTICE

OF

JEAN CIMABUE.

Jean Cimabue whose name is usually frenchified into that of *Cimabué*, was born at Florence in 1240. His family was noble, and most certainly never thought of suffering him to follow the career of fine arts, exercised then in Italy by some Greek refugees.

But Cimabue followed his natural taste, and though having before received a first impulsion from this school remarkable for the stiffness of its drawing, the dryness of its drapery, and also for expressions stript of all variety, Cimabue swerved from the way, and knew how to give to his work a new character much superior to that of his contemporaries.

It has been thought by some that Cimabue was also guided by Giunta, a pisan painter; but Lanzi has called it in question; neither does he think fit to ascribe to him the first works of Saint-Croix's church, said to come from him.

Cimabue, being inspired by nature, pratised successfully, and attained giving a soul to his compositions, and expression to his heads; there was more suppleness in his drapery, he grouped his figures with a greater talent than the Greeks, however he was not yet graceful. His madonas want beauty, there reigns too great a similitude in his angels, they seem to be all made on the same pattern. But a great character may be admired in the heads of his men, above all in the old ones.

His most remarkable works are in the superior church of Assise.

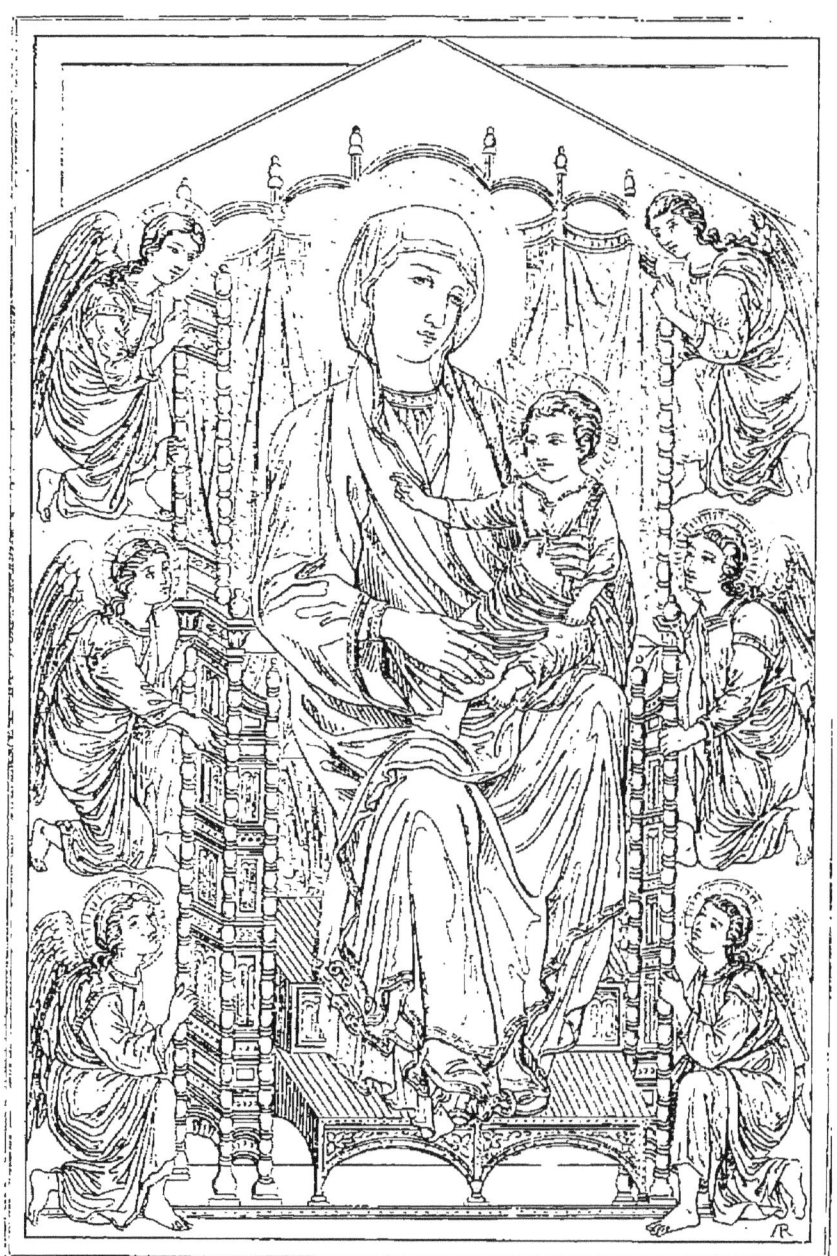

Cimabue pinx.   361

LA VIERGE ET L'ENFANT JÉSUS

LA VIERGE ET L'ENFANT JÉSUS.

L'état de guerre dans lequel se trouvait continuellement l'Europe pendant le moyen âge, avait fait en quelque sorte oublier la peinture. Cependant les artistes grecs ayant fui Constantinople ils s'étaient réfugiés en Italie, où ils cherchèrent à raviver le goût des arts. Jean Cimabué, Florentin, vivant au commencement du XIIIe. siècle, fut un de leurs écoliers ; mais il les surpassa bientôt, en donnant plus d'expression à ses têtes et moins de recherche à ses draperies.

Sous le rapport de la composition, le tableau que nous donnons ici laisse assurément beaucoup à désirer, mais il est tellement supérieur aux autres peintures de cette époque, que son apparition excita un étonnement général. Charles d'Anjou, passant par Florence pour aller prendre possession du royaume de Naples, voulut voir ce tableau, qui était encore chez le peintre. La fête qu'occasiona cette honorable visite fit donner le nom de *Borgo allegri* à l'endroit qu'habitait alors Cimabué. Le peintre eut encore un autre triomphe, puisque son tableau fut porté processionnellement au bruit des fanfares, depuis sa maison jusqu'au couvent de Sainte-Marie-Nouvelle.

Il existe encore dans cette église, à la chapelle Ruccellaï. Une répétition, avec quelques changemens, se voit à Paris au Musée du Louvre. M. Carboni a gravé cette peinture de Cimabué, dans l'ouvrage intitulé *Etruria pittrice*.

Haut., 13 pieds 1 pouce ; larg., 8 pieds 6 pouces.

961.

THE VIRGIN AND JESUS INFANT.

The continual state of war in which Europe was engaged during the middle age, caused painting in a great measure to be forgotten. The Greek artists however, having fled from Constantinople, took refuge in Italy, where they endeavoured to revive a taste for the arts. Jean Cimabué, a Florentine; who flourished at the beginning of the thirteenth century, was one of their pupils, but he soon surpassed them in giving a greater degree of expression to his heads, and paying less attention to drapery.

As to composition, the picture of which we now speak, is by no means faultless, but it was so far superior to the others of that period, that its appearance excited general astonishment. Charles of Anjou passing through Florence, to take possession of the kingdom of Naples; was desirous of seeing it, whilst still in the possession of the artist, and the festival which this honourable visit occasioned, gave rise to the name of Borgo allegri, which the painter's house was afterwards distinguished, by Cimabué had yet another triumph, for his picture was borne in procession accompanied by musical instruments, from his house to the convent of Sainte-Marie-Nouvelle.

It is still remaining in the Ruccellai chapel belonging to this church, and a copy of this picture, with some alterations, is to be seen in the museum of the Louvre at Paris. M. Carboni has made an engraving of the same in the work entitled « Etruria pittrice. »

Heigth 13 feet 7 inches; Breadth 8 feet 11 inches.

NOTICE

SUR

BUONAMICO, DIT BUFFALMACO.

Buffalmaco naquit sans doute à Florence vers 1262, et son père se nommait Christophe. Élève de Tafi, il chercha à suivre les traces de Giotto. Plein d'esprit et d'originalité, il s'est rendu célèbre par des facéties et des bons mots recueillis par Bocace. On connaît aussi de lui quelques poésies; on cite même un sonnet placé sur l'une de ses peintures du Campo-Santo à Pise, et que l'on regarde comme plus ingénieux encore que le tableau.

Notre peintre ayant été appelé par l'évêque d'Arezzo pour orner la façade de son palais, le pontife voulut que l'artiste Florentin représentât la défaite de sa patrie, par la république d'Arezzo, en faisant voir l'aigle arétin vainqueur du lion de Florence. Mais Buffalmaco, ayant eu soin de travailler en cachette, peignit au contraire le lion étouffant l'aigle, puis il s'échappa avant que la peinture fût découverte, ôtant ainsi à l'évêque la possibilité de punir son audace.

Buffamalco parcourut plusieurs villes d'Italie, habita Rome pendant quelque temps, et revint à Florence, où il mourut en 1340, âgé de 78 ans.

NOTICE

OF

BUONAMICO, ALIAS BUFFALMACO.

Buffalmaco was undoubtedly born at Florence about 1262. His father's name was Cristophe. He was a pupil of Taffi, and endeavoured to follow the tracks of Giotto. Witty and original, he was famous for his facetiousness and jests collected by Boccaccio. He is also the author of some pieces of poetry; nay, he is said to have made a sonnet which is placed over one of his paintings of Campo-Santo at Pise, and that is looked upon as still more ingenious than the picture.

Buffalmaco being ordered by the bishop of Arezzo to adorn the front of his palace, the pontiff would have the Florentine artist to represent the defeat of his country by the republic of Arezzo, in exhibiting the Aretin eagle as the conqueror of the lion of Florence. But our artist took care to work privately, and on the contrary, painted the lion stifling the eagle; and then he escaped before the painting was discovered, depriving thus the bishop of the possibility of punishing his audaciousness.

Buffalmaco travelled through many towns in Italy, staid some time at Rome and came back to Florence, where he died in 1340, aged 78.

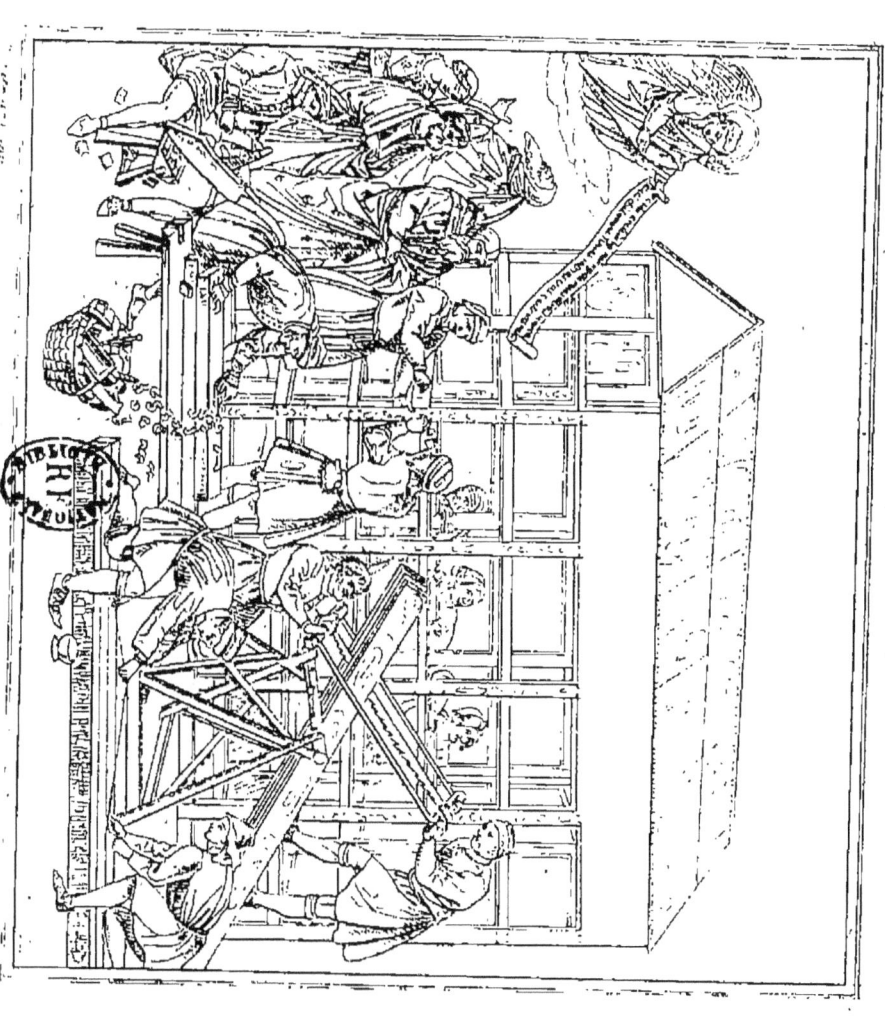

CONSTRUCTION DE L'ARCHE.

Vasari attribue cette fresque du cimetière de Pise au célèbre peintre Buffalmacco, et Lanzi le dit aussi. Cependant le professeur Sébastien Ciampi, dans un ouvrage publié en 1800, sur le cimetière de Pise, a cru pouvoir affirmer que c'était une erreur, et que cet ouvrage était de Pierre d'Orvielle.

Le peintre, vivant dans le XVe. siècle, a suivi l'usage des artistes ses contemporains, en représentant deux scènes différentes dans le même tableau. Noé surveille la construction de l'arche, à laquelle travaillent ses enfans et d'autres hommes, tous sans barbe, et avec des vétemens courts; le patriarche, au contraire, est vêtu d'une ample draperie parsemée d'un ornement ressemblant à des fleurs de lis, et il a une longue barbe blanche.

Dans le fond du tableau, à gauche, Noé, reconnaissable à sa barbe et à sa large robe, est tourné vers l'ange du Seigneur, qui tient une banderole, où est tracé ce passage de la Bible : FAC TIBI ARCAM DE LIGNIS LEVIGATI MANSIUM CULAS IN ARCA FACIES, BITUMINE LINIES INTRINSECUS EXTRINSECUS.

Si le peintre nous montre que les outils et les usages des ouvriers étaient dès cette époque à peu près semblables à ceux que l'on emploie de nos jours, il nous fait voir aussi qu'alors comme aujourd'hui on taxait de curiosité le sexe féminin; c'est du moins l'expression qu'il a donnée à la femme de Noé et à deux de ses brus, qui se sont placées dans l'arche et paraissent regarder avec une extrême attention la manière dont se font les travaux.

Cette fresque a été gravée par Lasinio.

Larg., 9 pieds? haut., 8 pieds?

931.

BUILDING OF THE ARK.

Vasari, as well as Lanzi, attribute this Fresco in the cci-metary of Pisa, to the painter Buffalmacco! However tthe Professor Sebastian Ciampi, in a work published in 18600 on the cimetary of Pisa, has affirmed, that this opinion is erroneous, and that it was the work of Pierre d'Orviettee.

Buffalmacco who lived in the 15th. century followed tthe custom of the artists his cotemporaries in representing twwo different scenes in the same picture. Noah superintendded the building of the Ark, at which his children and othher men all without beard, and clad in short vestmeuts laboou-red; the Patriarch on the contrary, is arrayed in an ampple drapery sprinkled with ornaments resembling fleurs de lisis, and has a long beard.

In the ground of the picture on the left, Noah remarkabble for his long beard and full robe, is turned towards the anggel of the Lord who holds a small flag, on which is traced tbbis passage from the Bible. « Fac tibi aream de lignis levigæati mansium culas in arca facies, bitumine linies intrinsiccus extrinsecus. »

The painter shews us that the tools and customs of tlhe workmen were at that epoch nearly the same as those of our own time, he shews us also, that then, as at presennt, the female sex were taxed with curiosity, it is at least tlhe expression of countenance he has given to Noah's wife annd to those of her two daughters in law, who placed in tlhe Ark appear to regard with extreme attention the manner i in which the work is doing. This fresco has been engraved bby Lasinio.

Breadth, 9 feet 7 inches?; height 8 feet 6 inches?

931.

NOTICE

SUR

GIOTTO.

Giotto naquit à Colle, près de Florence, en 1276, à ce que l'on croit. Ses premières occupations furent de garder les troupeaux de son père, dont le nom était Bondoni. Mais la nature lui avait donné le goût imitateur, et au lieu de s'occuper d'astronomie comme les anciens pasteurs, il dessinait continuellement les objets qui se présentaient à sa vue. Dans le moment où il venait de tracer une de ses brebis sur une roche, le peintre Cimabué passa près de lui; frappé de la vérité et de l'esprit avec lesquels cette figure était faite il offrit au jeune berger de l'emmener à Florence.

Giotto commença par imiter son maître; mais bientôt il le surpassa. Il donna à ses figures plus de grâce, à son dessin moins de rudesse, à son coloris plus d'harmonie.

Les études de Giotto portèrent principalement sur les statues antiques dont la ville de Florence était déjà pourvue, aussi s'occupa-t-il de sculpture, et du temps de Laurent Ghiberti on conservait encore des modèles de Giotto; on y admirait, comme dans ses peintures, un goût excellent et un sentiment extraordinaire du beau. On doit cependant remarquer, comme un cachet particulier à ce maître, le soin qu'il prit pour cacher les pieds de ses figures sous de longs vêtemens : peut-être cette partie lui offrait-elle des difficultés pour les bien rendre.

Notre artiste fit faire aussi des progrès à l'architecture; on en voit la preuve dans l'admirable clocher de la cathédrale de Florence. N'oublions pas de dire en terminant que c'est à Giotto que l'on doit la conservation des traits du célèbre Dante.

NOTICE

GIOTTO.

Giotto, as is thought was born at Colle, near Florence in 1276. His first emplacement was to take care of his father's flocks, whose name was Boldoni, but nature had endowed him with a taste for the imitative art, and instead of occupying himself about astronomy, like the shepherds of old, he was continually drawing the objects which he saw.

Cimabue the painter happening to pass near him at a time when he had just traced one of his sheep on a rock, being struck with the truth and spirit with which his design was executed, offered to take the young shepherd to Florence.

Giotto commenced by imitating his master, but he quickly surpassed him, giving more grace to his figures, less roughness to his outline, and more harmony to his colouring.

The studies of Giotto were principally directed to the antique statues with which the city of Florence were even at that time adorned, he also employed himself in sculpture, and in the time of Laurent Ghiberti, models executed by Giotto were still preserved, in which, as in his paintings, a refined taste, and a thorough feeling of the sublime, are highly conspicuous. We should here remark as a very extraordinary circumtance in the works of this master, the care he took to conceal the feet of his figures under long robes, perhaps occasioned by the difficulty he found in representing them.

This artist also excelled in architecture, we have a proof of it in the admirable spire of the cathedral of Florence, nor must we forget, that it is to Giotto we owe the preservation of a knowledge of the features of the celebrated Dante.

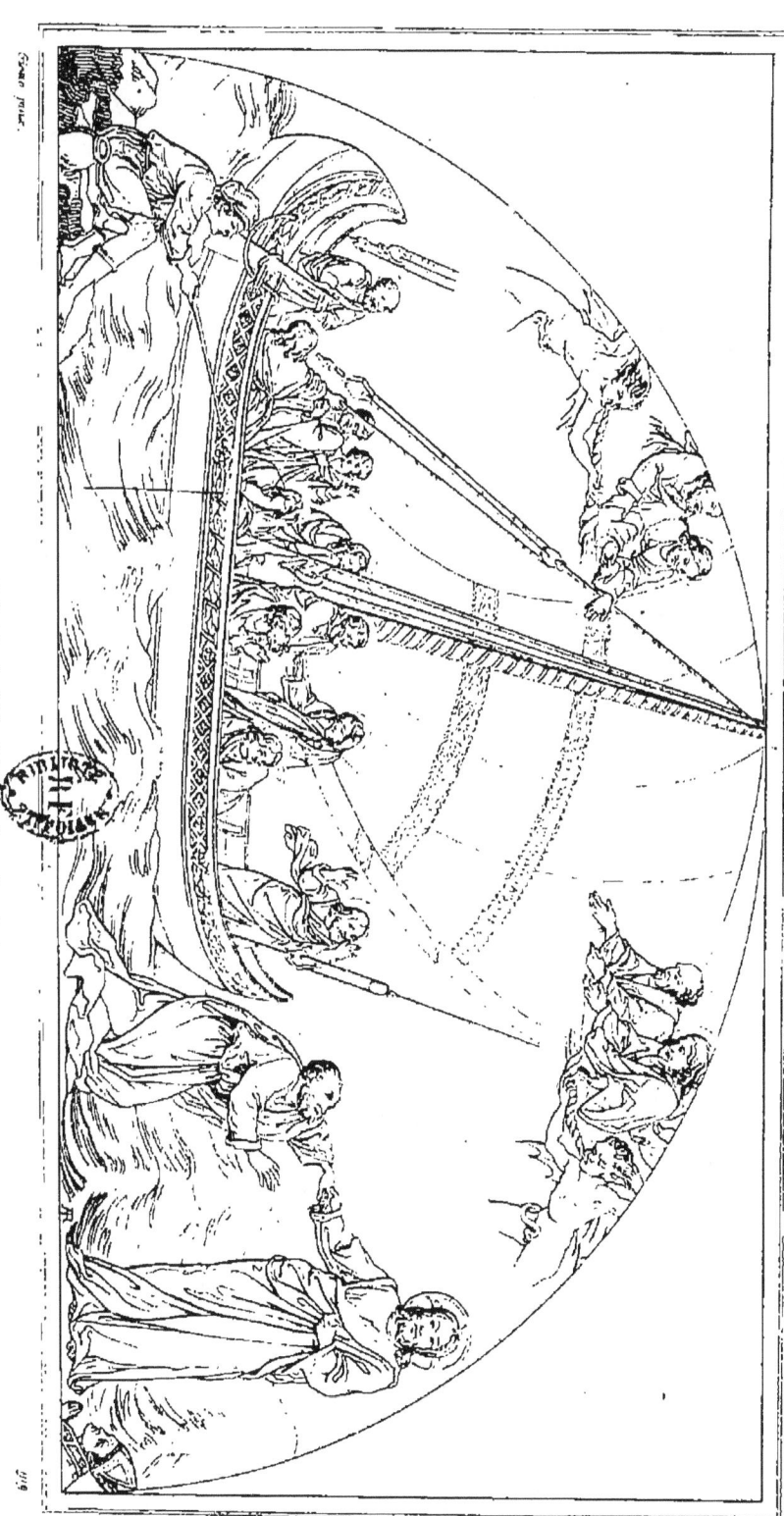

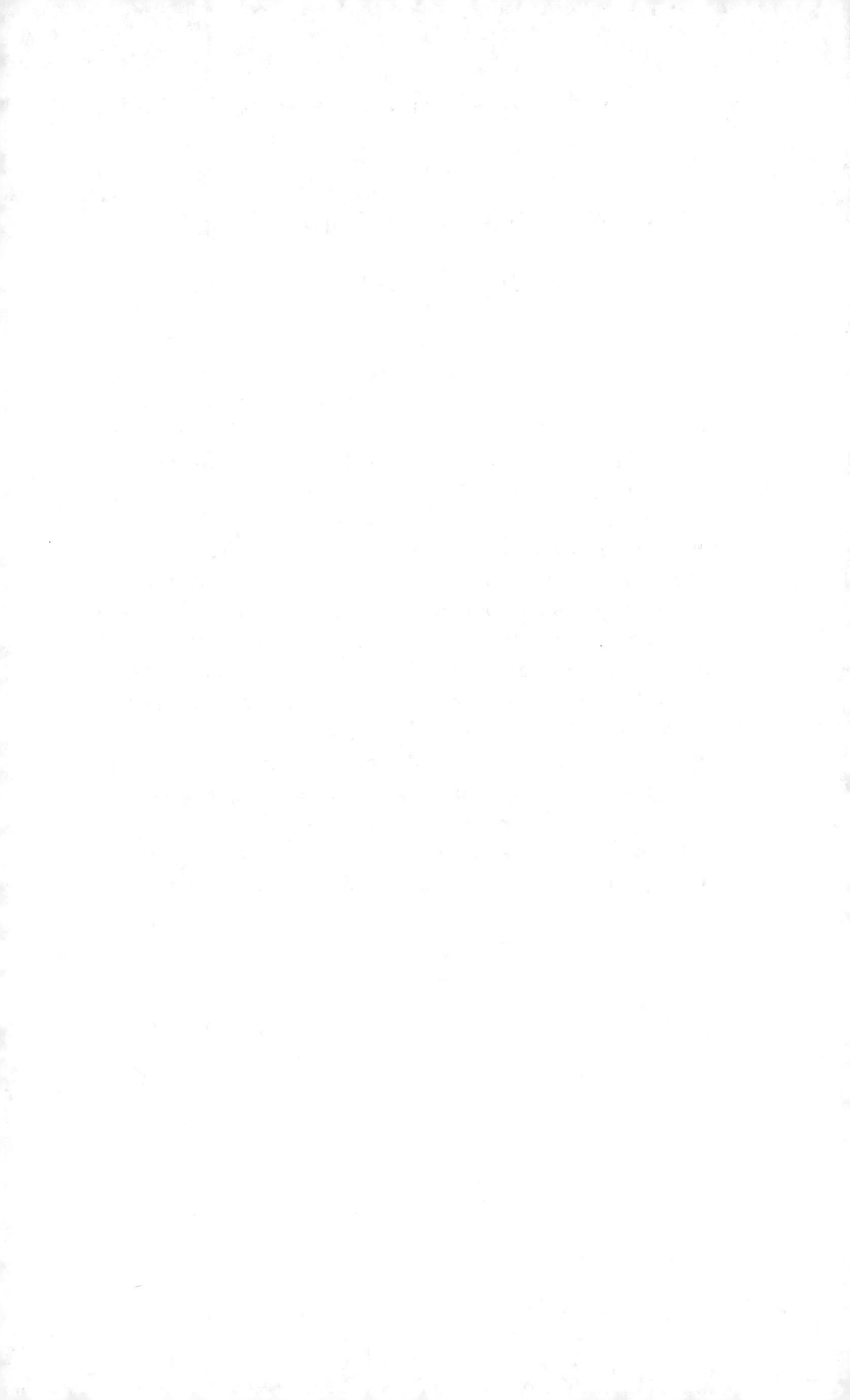

SAINT PIERRE SUR LES EAUX,

PIÈCE DITE LA NAVICELLE.

Les Apôtres traversant pendant la nuit le lac de Genesareth, le vent devint contraire, et ils avaient peine à manœuvrer. Jésus vint à eux marchant sur la mer, ils furent troublés et ils dirent : c'est un fantôme; « Mais Jésus leur parla aussitôt et leur dit : ayez confiance, c'est moi, ne craignez point. Alors Pierre lui dit : Seigneur, si c'est vous, commandez que j'aille à vous sur les eaux. Il lui dit : venez ; et Pierre descendit de la barque, marcha sur les eaux pour aller à Jésus : mais lorsqu'il vit que le vent était grand il eut peur, et commençant d'aller à fond, il s'écria : Seigneur sauvez-moi. Aussitôt Jésus étendit la main, et le prenant lui dit : Homme de peu de foi pourquoi avez vous douté? »

Giotto dans cette composition a suivi bien ponctuellement le texte de l'Évangile. Il fit cette mosaïque en 1340, et reçut en paiement 2200 florins (environ 5000 francs); les figures qui sont en l'air ont été ajoutées long-temps après, ainsi que celle du pêcheur.

Cette mosaïque est placée à l'église de Saint-Pierre de Rome, au-dessus de la porte d'entrée. Elle a été gravée par Beatricet, en 1559.

Larg., 10 pieds? haut., 6 pieds?

SAINT PETER ON THE WATER.

The Disciples crossing the lake of Genesareth, the wind became contrary, and it was with difficulty they managed the vessel. Jesus came to them walking on the sea, at which they were troubled, and said : this is a spirit. But Jesus immediately spoke to them and said « It is I » Then Peter said unto him, « Lord if it be thou, command that I come to thee on the deep. » He answered to him « Come » Peter then descended from the ship, and walked on the water to go unto Jesus, but when he saw that the wind became high, he was afraid, and beginning to sink, he cried out « Lord save me. » Immediately Jesus putting forth his hand laid hold on him, and said: « O man of little faith, wherefore have ye doubted. »

Giotto in this composition has followed very exactly the the text of the Evangelist. He made this mosaic in 1340, and received in payment 2200 florins, 200 liv. sterling, the figures in the air have been added, as well as that of the fisherman.

This mosaic is placed in the church of Saint Peter at Rome, above the entrance.

It has been engraved by Beatricet, in 1559.

Width 10 feet 7 inches; height 6 feet 4 inches,

NOTICE

JEAN DE FIESOLE, DIT SANTI TOSINI.

Jean naquit à Fiesole en 1387, et entra de bonne heure dans l'ordre des Dominicains. C'est un autre moine de son ordre qui lui apprit à peindre, pour orner de miniatures les manuscrits que l'on fabriquait alors dans presque tous les couvens. Mais, ayant vu les grandes compositions de Giotto, le jeune miniaturiste voulut aussi se livrer à de grands travaux. Tout en cherchant à agrandir son style, on retrouve toujours dans ses travaux un soin extrême dans les moindres détails, ce qui est un des caractères particuliers aux miniaturistes.

Il existe à Florence beaucoup de petits tableaux peints par Jean de Fiesole ; celui de la galerie représente la naissance de saint Jean-Baptiste. On cite encore, comme le plus grand et le meilleur de tous ses ouvrages, le tableau du Paradis que l'on voit dans l'église de la Madeleine à Pazzi.

C'est à Jean de Fiesole que l'on doit les peintures qui ornent le dôme d'Orviette ; il a aussi travaillé au Vatican.

Il mourut à Orviette, en 1457.

NOTICE

JEAN DE FIESOLE, ALIAS SANTI TOSINI.

Jean was born at Fiesole in 1387, and took early the order of the Dominicains. It is another monk of his order who taught him painting, to adorn with miniatures the manuscripts fabricated at that time in almost all the convents. But having seen the great compositions of Giotto, the young miniature-painter would also devote himself to great works. In the attempt of enlarging his style, may be seen in the least circumstances of his works the nicest care which is so peculiar to miniature-painters.

There are existing at Florence many small pictures painted by Jean de Fiesole, that one of the gallery represents the birth of Saint John-Baptist. There is also quoted as the best and greatest of all his works, the picture of Paradise seen in Magdalen-church at Pazzi.

We are indebted to Jean de Fiesole for the paintings which are embellishing the cupola of Orviette; he has also worked at the Vatican.

He died at Orricto in 1457.

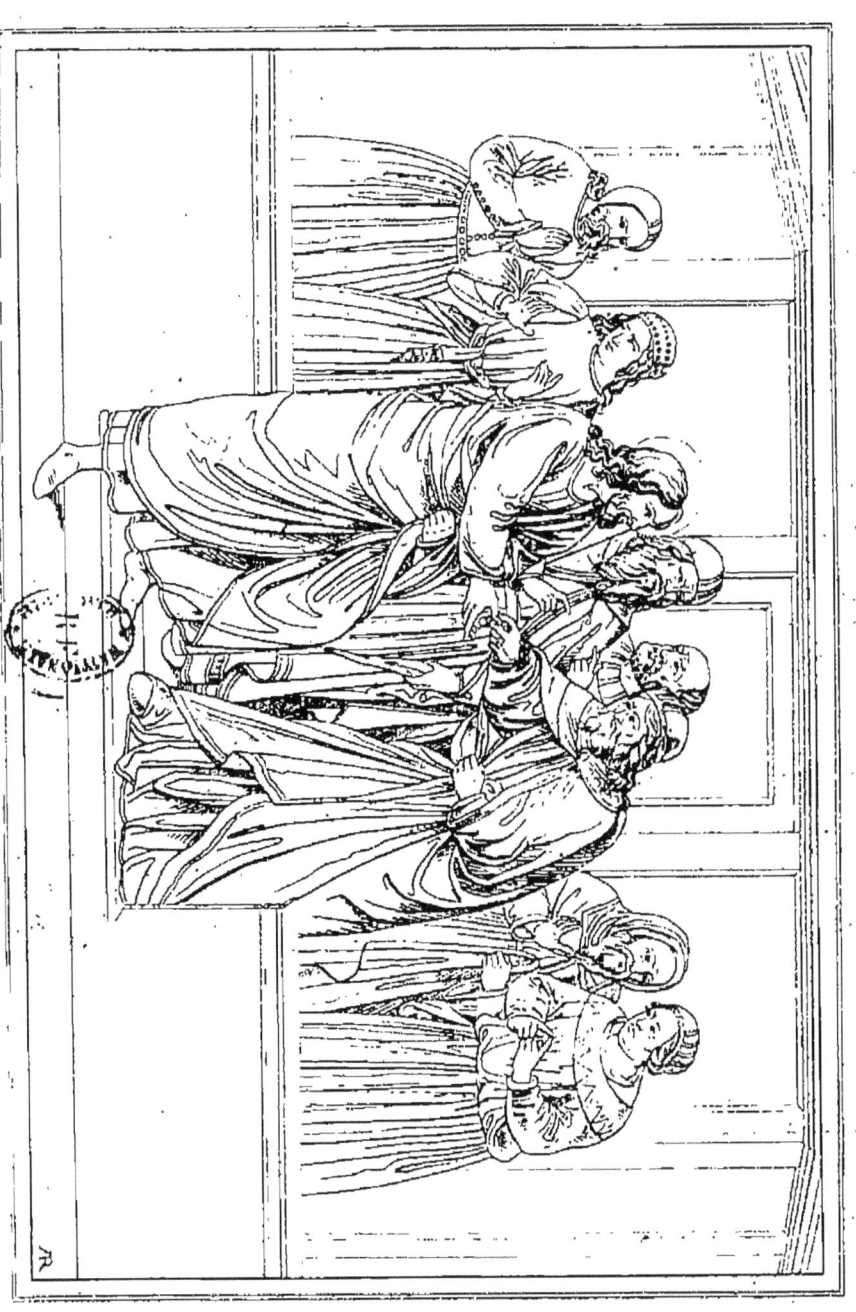

JUDAS

RECEVANT LE PRIX DE SA TRAHISON.

Les princes des prêtres, voyant combien Jésus-Christ gagnait dans l'esprit du peuple, résolurent de le perdre; mais ils craignaient une émeute s'ils cherchaient à s'emparer de sa personne tandis qu'il prêchait dans le temple, ou ailleurs, devant la multitude. Ils furent tirés de peine, ainsi que le rapporte l'Évangile, lorsque « l'un des douze, nommé Judas Iscariote, alla vers les princes des prêtres, et leur dit: Que voulez-vous me donner et je vous le livrerai? ils lui offrirent trente pièces d'argent; et depuis ce moment il chercha une occasion favorable pour le livrer entre leurs mains. »

Beaucoup de peintres ont donné l'instant où Judas vient arrêter le Sauveur lorsqu'il faisait sa prière au jardin des Oliviers, mais je ne pense pas que d'autres artistes aient représenté le moment où Judas vient traiter avec les princes des prêtres et recevoir le prix de sa trahison.

Frère Jean, dominicain du couvent de Fiesole, a peint ce sujet, sur le devant d'une armoire à huit compartimens, qui servait autrefois à serrer l'argenterie du couvent des frères Servites à Florence. Ces panneaux sont encore conservés dans le couvent. En les examinant on peut se convaincre du talent de frère Jean, surtout dans l'expression et le coloris.

Ce petit tableau est peint en détrempe. Il a été gravé par C. Lasinio et M. Carboni.

Larg.. 1 pied 1 pouce; haut., 10 pouces

JUDAS

RECEIVING THE THIRTY PIECES OF SILVER.

The chief priests, alarmed at Christ's growing influence with the multitude, resolved to destroy him. « But they said, Not on the feast-day, lest there be an uproar among the people.... Then one of the twelve called Judas Iscariot, went unto the chief priests, and said *unto them*, What will ye give me, and I will deliver him unto you? And they covenanted with him for thirty pieces of silver. And from that time he sought opportunity to betray him. »

The scene of Christ's arrest in the garden of Geihsemane, has been often depicted; but we are not aware that any other artist has represented Judas, receiving from the priests the reward of his treachery.

This piece was painted by Fra Giovanni, a Dominican of the convent of Fiesole, in front of a press in eight compartments, which served to contain the plate of the convent of the *Serviti*, at Florence. These panels are still preserved, and attest the artist's skill, especially in colouring and expression.

This little picture is painted in distemper, and has been engraved by Lasinio and Carboni.

Width, 1 foot 2 inches; height, 11 inches.

NOTICE

SUR

THOMAS GUIDI, DIT MASACCIO.

Thomas Guidi naquit en 1401, à San-Giovanni, prés Florence. Le nom de *Masaccio* lui fut donné à cause de l'extérieur pauvre et négligé qu'il avait habituellement. Le peintre Masolino da Panicale fut son maître; il étudia aussi la sculpture sous Laurent Ghiberti, et Brunelesebi lui apprit la perspective.

Doué d'une haute intelligence, Thomas Guidi fit une révolution dans les arts, et sut, le premier, donner à ses figures de la vie, du mouvement et une expression convenable, suivant la situation où ses personnages se trouvaient placés. Michel-Ange et Raphaël l'ont étudié, et ce dernier peintre a même entièrement imité de lui son groupe d'Adam et Ève de la chapelle des Carmes.

Les troubles survenus à Florence engagérent Masaccio à se rendre à Rome, où il profita des chefs-d'œuvre de l'antiquité, et peignit une fresque dans l'Église de Sainte-Marie-Majeure. Cosme de Médicis, son protecteur, ayant été rappelé à Florence, Masaccio s'empressa d'y retourner, et il eut à terminer plusieurs des travaux commencés par son maître Masolino da Panicale. Il fut ensuite chargé de peindre la chapelle des Carmes de Florence, et cet ouvrage, l'un des plus admirables de l'époque, est encore regardé comme une chose sublime.

Il travaillait encore à cette chapelle, lorsqu'il fut violemment attaqué d'un mal qui l'enleva subitement, ce qui fit penser qu'il avait été empoisonné.

Thomas Guidi mourut en 1443, âgé de 42 ans.

NOTICE

OF

THOMAS GUIDI, ALIAS MASACCIO.

Thomas Guidi was born in 1401, at San Giovanni, near
Florence. The name of *Masaccio* was given him on account
of the poorness of his undress which he usually appeared in.
The painter Masolino da Panicale was his master; he also
practised sculpture under Laurent Ghiberti, and Bruneleschi
taught him also perspective.

Endowed with a high intellect, Thomas Guidi made a
revolution in the arts, and was the first who knew how to
give to his figures life, motion, and a suitable expression,
according to the situation which his personages were placed
in. Michel-Ange and Raphael have studied from him, the
latter painter has even wholly imitated from him a group of
Adam and Eve in the chapel of the Carmes.

The troubles which happened at Florence induced
Masaccio to go to Rome where he studied the master-pieces
of antiquity and painted a fresco in the Church of St.-Mary-
the-Great. Cosme de Médicis, his protector having been
called again to Florence, Masaccio made haste to return thi-
ther, where he finished several works begun by his master
Masolino da Panicale. He was afterwards desired to paint
the chapel of the Carmes at Florence, and that work, one
of the most admirable of the epoch, is still looked upon as a
sublime subject.

He was still working at that chapel, when he was suddenly
seized with a violent illness which carried him off, that was
the cause of thinking he had been poisoned.

Thomas Guidi died in 1443, 42 years old.

S⁺ PIERRE ET S⁺ PAUL RESSUSCITANT UN ENFANT

59

SAINT PIERRE ET SAINT PAUL

RESSUSCITANT UN ENFANT.

Parmi les miracles opérés par les apôtres et cités dans leurs Actes, il n'est pas question de la résurrection d'un enfant par saint Pierre et saint Paul. La tradition est donc le seul moyen par lequel ce fait soit arrivé à nous, et le peintre Masaccio l'a sans doute trouvé dans quelque ancien légendaire que je n'ai pu découvrir. Par un usage assez ordinaire aux artistes de cette époque, l'auteur a représenté dans son tableau une seconde scène, où l'on voit une image de saint Pierre honorée par les religieux du couvent.

Cette peinture à fresque est une de celle qui décorent la chapelle de saint Pierre dans l'église des Carmes à Florence. Déjà, sous le n°. 757, nous avons donné une des peintures de cette chapelle, et nous avons eu occasion alors de faire remarquer le mérite extraordinaire que l'on trouve dans ces travaux des anciens peintres de l'école florentine. Masaccio se distingue surtout parmi eux; ses figures posent bien; l'effet des accessoires y est bien rendu, ce que n'avaient pu faire ses prédécesseurs; les airs de têtes sont d'une expression aussi noble que vraie; le nu y est indiqué avec autant de talent que de vérité; les vêtemens simples ne sont plus surchargés de ces détails, qui souvent rendaient les plis secs et minutieux.

Cette fresque a été gravée par Charles Lasinio.

84 ε.

S^t. PETER AND S^t. PAUL.

RAISING A CHILD FROM THE DEAD.

Among the miracles recorded in the Acts of the Apostles, no mention is made of the resuscitating of a child by St. Peter and St. Paul. The knowledge of this fact, therefore, must have been handed down by tradition; and Masaccio doubtless found it in some old legend, that has escaped my researches. According to a practice common with the artists of his day, he introduces a second scene, in which is an image of St. Peter, honoured in the convent for which the picture was painted.

This composition is one of the frescoes of St. Peter's chapel, in the church of the Carmelites at Florence. In describing another painting of that chapel, n°. 757, we spoke of the great merit of those works of the early Florentine masters; among whom Masaccio is particularly distinguished. His atti tudes are good; and he succeeds in the effect of the accessories, in which his predecessors failed. The air of his heads, also, is natural and noble; the naked form is indicated with truth and talent; and his draperies are simple, and free from that multiplicity of details, which rendered those of other artists minute and dry.

This fresco has been engraved by C. Lasinio.

842.

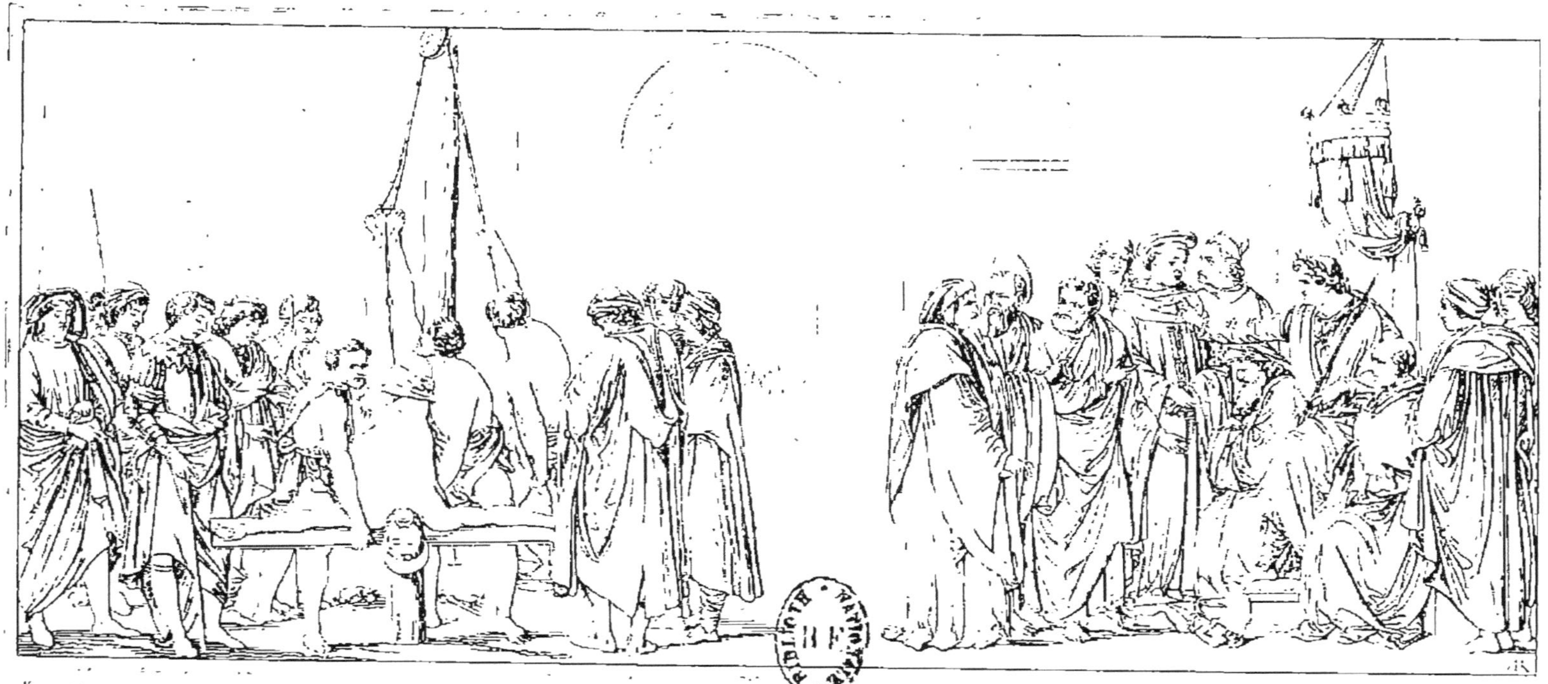

MARTYRE DE S. PIERRE

MARTYR DE SAINT PIERRE.

Giotto, créateur de l'école Florentine, avait fait sortir la peinture de l'enfance ; ses successeurs marchèrent sur ses traces, mais elle était encore peu avancée dans plusieurs de ses parties, surtout dans le clair-obscur et la perspective, quand Thomas, fils de San Giovanni, connu sous le nom de Masaccio, se fit connaître comme l'un des plus grands génies de son siècle, et son nom fait époque dans l'histoire de la peinture.

Son maître, Massolino, avait été chargé de peindre la chapelle de Saint-Pierre dans l'église des Carmes, à Florence. Le travail n'étant pas terminé lors de la mort du maître, en 1415, quelques années après, son élève Masaccio fut chargé de continuer ces fresques, mais il mourut aussi, en 1441, avant d'avoir fini, et c'est Philippe Lippi qui les termina vers 1460.

L'histoire de saint Pierre couvre les parois de cette chapelle ; et le morceau que l'on voit ici représente le jugement et le martyr du prince des apôtres. Les figures sont bien posées ; l'effet des raccourcis y est bien exprimé, ce qu'aucun peintre n'avait pu faire encore. Les airs des têtes sont dans le goût que suivit ensuite Raphaël, et l'expression est si vraie que les âmes, dit Menghs, sont, pour ainsi dire, aussi bien dépeintes que les corps.

Cette peinture a été gravée par Charles Lasinio.

MARTYRDOM OF S^t. PETER.

Giotto, the founder of the Florentine School, had freed Painting from its leading strings; his successors followed his steps, but still it was as yet but little advanced in several of its departments, particularly in light and shade, and in perspective; when Thomas, the son of San Giovanni, known by the name of Masaccio, showed himself one of the greatest geniuses of his time; his name marks in the history of Painting.

His master, Massolino, had been commissioned to paint the chapel of St Peter, in the Carmelite church at Florence, and died, in 1415, before it was terminated. A few years later, the pupil, Masaccio, was intrusted with the continuation of those frescoes, but he also died, in 1441, previous to the finishing: and Filippo Lippi, put the last touches to them, about the year 1460.

The walls of the chapel are covered with the history of St Peter; the subject given here represents the Judgment and Martyrdom of the Prince of the Apostles. The attitudes of the figures are fine; the effect of the foreshortenings is nicely expressed, which no painter before had been able to give; the airs of the heads are in that taste which Raphael subsequently followed, and the expression is so faithful that the souls, says Mengs, are, as it were, as closely depicted as the bodies.

This painting has been engraved by Charles Lasinio.

NOTICE

SUR

GENTIL ET JEAN BELLINI.

Gentil Bellini, né à Venise, en 1421, y mourut en 1501. Quoique inférieur à son frère, il fut employé à peindre à fresque la salle du grand conseil; son travail annonce toujours de la sécheresse et quelquefois de la dureté.

L'empereur Mahomet II ayant témoigné le désir d'avoir un peintre, Gentil Bellini fut chargé d'aller à Constantinople. On raconte qu'ayant présenté à l'empereur un tableau de Judith et d'Holopherne, ce prince lui fit quelques observations sur certaines inexactitudes relatives à ce qui arrivait lorsque l'on tranchait la tête. Voulant joindre l'exemple au précepte, il fit venir un esclave et lui fit à l'instant trancher la tête; le peintre, épouvanté par une telle atrocité, quitta, dit-on, la ville, et revint en hâte dans sa patrie.

Jean Bellini, né à Venise en 1425, fut un des peintres qui honorèrent le plus l'école Vénitienne. Il travailla pendant un long espace de temps, de 1464 à 1516, qui est l'année de sa mort. Après avoir travaillé à la détrempe, il fut un des premiers à faire usage des couleurs à l'huile; invention rapportée de Flandre en Italie, par Antoine de Messine.

Jean Bellini fut le maître de George Barbarelli, nommé ordinairement Giorgion, et, par une singularité remarquable, il améliora beaucoup sa manière lorsqu'il eut vu les tableaux de son élève.

Il exista toujours une grande affection entre les deux frères Bellini, et chacun d'eux croyait son talent inférieur à celui de l'autre. C'était une vérité de la part de Gentil, mais de la part de Jean c'était avoir trop de modestie.

NOTICE

THE BROTHERS GENTILE AND GIOVANNI BELLINI.

Gentile Bellini was born at Venise in 1421, and died in that city in 1501. Though inferior to his brother, he was employed to paint the frescoes in the hall of the grand Council; his manner is always dry, and sometimes hard.

The Emperor Mahomet II. having expressed a wish to possess a painter, Gentile Bellini was sent to Constantinople. It is related that, on his presenting the Sultan a picture of Judith and Holofernes, that prince pointed out some faults in his manner of representing the decapitation, and, joining example to precept, sent for a slave, and ordered him to be beheaded in the artist's presence; struck with horrour at this atrocity, Bellini is said to have fled from the city, and hastened back to his own country.

Giovanni Bellini, who was born at Venise in 1425, is among the most renowned masters of the Venetian School. His labours fill the interval between 1464 and 1516, the year of his death. He was one of the first painters who abandoned distemper for oil-colours, then lately introduced into Italy, from Flanders, by Antonello da Messina.

Giovanni Bellini was the master of George Barbarelli, commonly called Georgione; and by a singularity worthy of remark, his manner was greatly improved by viewing the pictures of his pupil.

The tenderest affection subsisted between the two Bellinis: each of them considered himself as inferior to his brother: on the part of Gentile, this impression, was well founded; but in John, it can be attributed only to the illusions of friendship, or to excess of modesty.

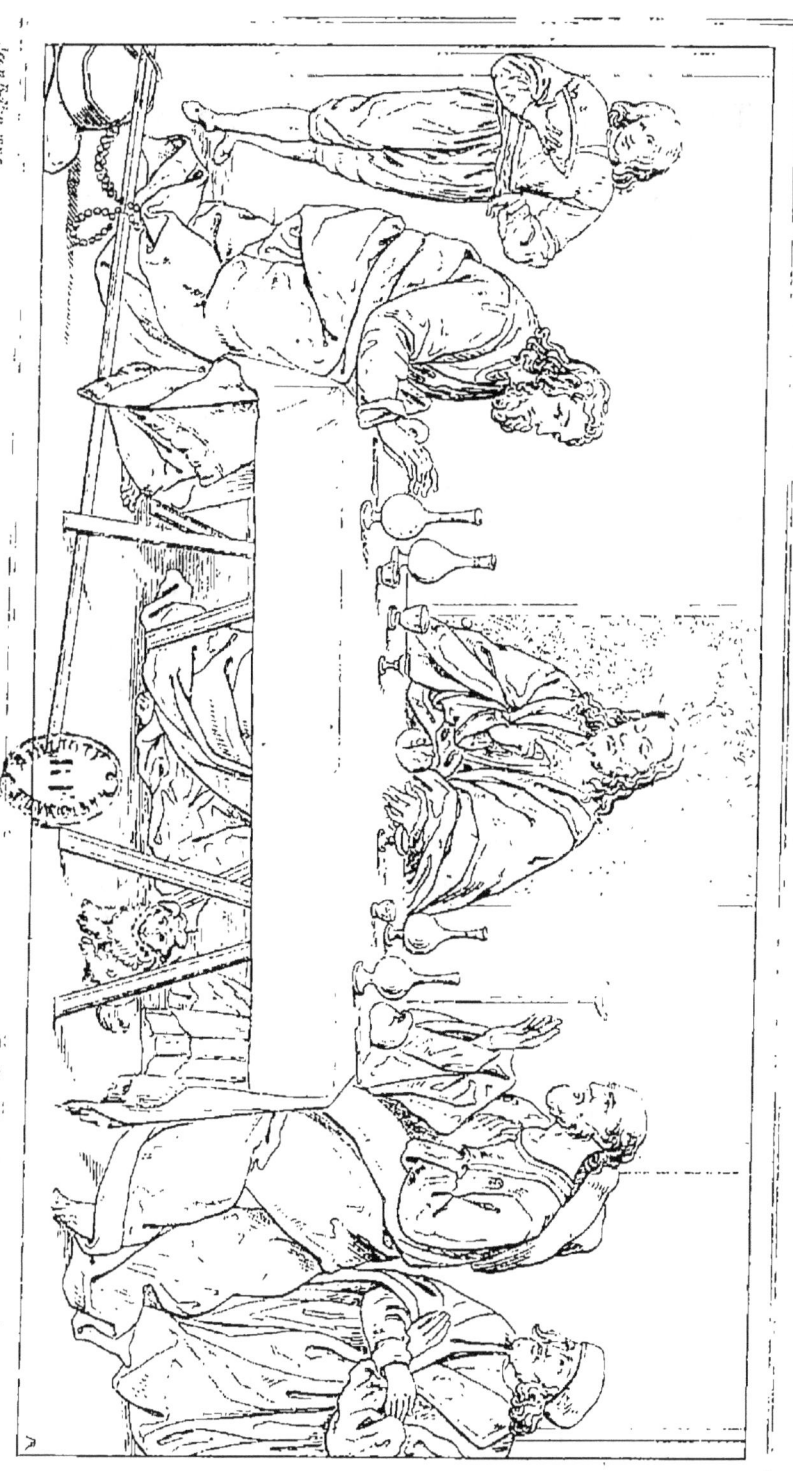

JÉSUS-CHRIST A EMMAÜS.

Les saintes femmes avaient apporté à Jérusalem la nouvelle de la résurrection de Jésus-Christ, mais plusieurs disciples en doutaient. Deux d'entre eux allaient à Emmaüs lorsque le Fils de Dieu les rencontra; les accompagnant sans se faire reconnaître, il entra dans l'hôtellerie où ils s'arrêtaient, et se mit à table avec eux. Puis, selon l'Évangile, « lorsqu'ils étaient ensemble, il prit du pain, le bénit, le rompit, et le leur présenta. Aussitôt leurs yeux furent ouverts, et ils le reconnurent. » C'est ce moment que Jean Bellin a représenté. Il a joint à sa composition deux personnages, dont l'un est visiblement un valet apportant quelque mets; quant à l'autre, à genoux les mains jointes et vêtu de noir, c'est le portrait du peintre lui-même, qui ne se trouve ici que par une de ces licences assez fréquentes chez les maîtres de cette époque.

Les expressions des têtes sont très belles et très variées. On voit dans celles des disciples un mélange de joie et de surprise parfaitement bien exprimé; celle du Sauveur est d'une douceur et d'une affabilité tout-à-fait remarquable : elles ont d'autant plus d'effet que le fond du tableau étant clair, ces figures se détachent merveilleusement.

Ce tableau est d'une belle couleur, il n'a jamais été gravé.

Larg., 6 pieds 2 pouces; haut., 3 pieds 3 pouces.

⋙⋘

JESUS CHRIST A EMMAUS.

The holy women had brought to Jerusalem the news of the resurrection of Jesus Christ, but several of the disciples doubted it. Two of the latter were going to Emmaus, when the Son of God met and accompanied them, without discovering himself. They constrained him to tarry where they stopt, and he sat at table with them. Then, according to the Gospel, «He took bread, and blessed it, and brake, and gave to them. And their eyes were opened, and they knew him.» This is the instant which Giovanni Bellini has represented. He has introduced in his composition two personages, one of whom is clearly a servant bringing in some dish; as to the other, who is kneeling down with his hands joined, and who is clothed in black, it is the portrait of the painter himself, which is found here, only in consequence of those frequent licences of the masters of his time.

The expressions of the heads are very beautiful and greatly varied. In those of the disciples, is seen a mixture of joy and surprise perfectly well expressed : that of our Saviour is very remarkable for its mildness and affability : they have the more effect from the picture having an illumined back-ground, the figures are thus thrown off in an astonishing manner. The colouring of this picture is very fine : it has been never engraved.

Width, 6 feet 6 $\frac{1}{2}$ inches; height, 3 feet 5 $\frac{1}{2}$ inches.

NOTICE

SUR

ANDRÉ MANTEGNA.

André Mantegna naquit à Padoue en 1431, ainsi que l'a prouvé l'abbé Zani. D'abord pâtre, il devint élève de Squarzione qui eut pour lui tant d'amitié qu'il l'adopta et lui légua tout son bien.

Dès l'âge de 17 ans, Mantegna peignit un tableau qui lui fit beaucoup d'honneur. Ayant été à Venise, il y épousa la fille de Jacques Bellini, et améliora sa couleur par l'étude des peintures de cette école. Il alla ensuite à Padoue et à Vérone, où il fit plusieurs tableaux de l'histoire de saint Zénon.

Louis de Gonzague, duc de Mantoue, ayant appelé Mantegna près de lui, il lui ordonna plusieurs tableaux et le créa chevalier en 1468.

Le pape Innocent VIII l'appela ensuite à Rome où il arriva en 1484. L'étude qu'il fit alors des statues antiques occasiona d'heureux changemens dans son dessin. C'est alors aussi qu'il se mit à graver, et, comme il fut le premier à exercer cet art à Rome, on l'a quelquefois regardé comme l'inventeur de la gravure.

Les tableaux de Mantegna ne se rencontrent que dans quelques grandes collections ; ses gravures sont aussi fort recherchées, les belles épreuves se payent même souvent très-chères.

André Mantegna mourut à Mantoue en 1506, âgé de 75 ans.

NOTICE

O F

ANDRÉ MANTEGNA.

André Mantegna was born at Padoue in 1431 as abbot Zani has proved it; Mantegna was at first a shepherd and became a pupil to Squarzione, who out of great friendship adopted him, and bequeathed all his wealth to him. At 17 years old Mantegna painted a picture which gave him a great credit.

Having been at Venice, he married the daughter of Jacques Bellini, and improved his coloring by studying the paintings of that school. He afterwards went to Padoue and Verone, where he made several paintings of the history of Saint Zenon. Louis of Gonzagues having desired Mantegna to come to him, bespoke several pictures and created him a knight in 1468.

Pope Innocent VIII also called him to Rome, where he arrived in 1784; his studying then of antic statues afforded a happy change in his drawing. It was also at that time he undertook engraving, and as he was the first who exercised that art at Rome, he was often considered as the inventor of engraving.

The paintings of Mantegna are to be met with but in a few great collections, his engravings are also much sought after; even his handsome proofs are often paid very dear.

André Mantegna died at Mantoue in 1506, aged 75.

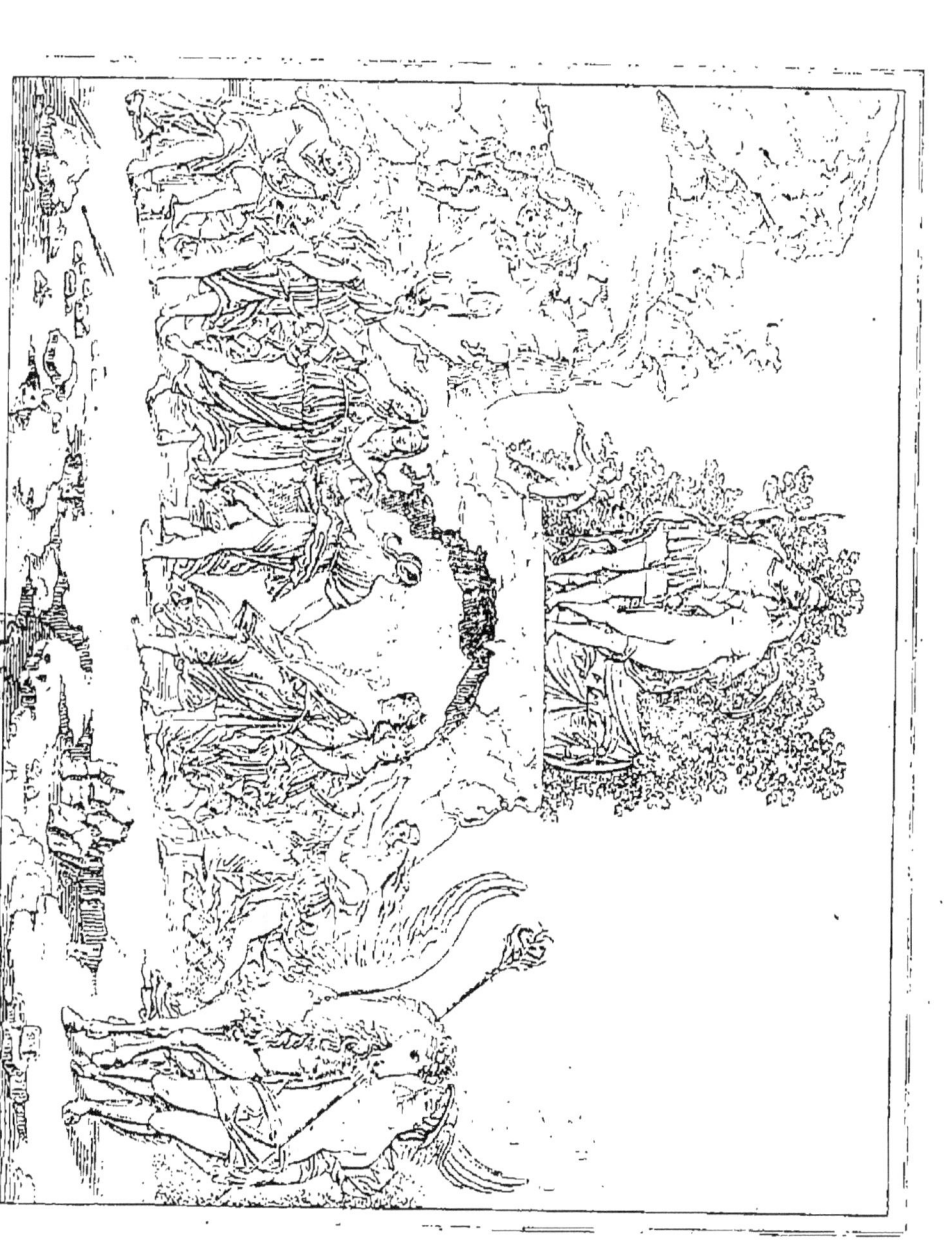

LE PARNASSE.

On ne peut regarder cette peinture comme une compotition allégorique, ce n'est pas non plus un sujet purement mythologique ; mais la pose gracieuse des figures, la légèreté des draperies et la finesse du pinceau, empêchent de remarquer la manière singulière dont est composé ce tableau, pour ne s'occuper que du grand talent de Mantegna, qui vivait à la fin du XVe. siècle, et qui fut cité de la manière la plus honorable par l'immortel Arioste.

Apollon, assis à gauche du tableau, tire des sons harmonieux de sa lyre, et les Muses dansent en se donnant la main. A droite est Mercure, tenant en main le cheval Pégase. Sur un rocher percé, on voit debout Mars et Vénus, tandis que Vulcain, au milieu de sa forge, est tourmenté par la jalousie que lui souffle un méchant Amour.

Ce tableau fut exécuté pour Louis de Gonzague, marquis de Mantoue, il décorait le palais de Saint-Sébastien ; mais Jules Romain, lorsqu'il fut appelé pour bâtir le palais du T, fit disparaître une partie de ces anciens tableaux ; c'est alors que, celui-ci passa en France dans le château de Richelieu, il vint depuis au Musée du Louvre.

Ce tableau, peint en détrempe, a été gravé par Châtaigner, dans le Musée publié par Filhol.

Larg., 5 pieds 11 pouces ; haut., 4 pieds 10 pouces.

PARNASSUS.

It is difficult to characterize the subject of this picture, which is not allegorical, nor purely mythological; but the gracefulness of the attitudes, the lightness of the draperies and the delicacy of the pencilling, forbid our remarking the singularity of the conception, and leave room only for admiration of the great talent of the author, who lived at the close of the XVth. century, and who is mentioned with honour by the immortal Ariosto.

On the left of the picture, Apollo, seated, is touching the lyre, while the Muses join hands and dance to the sound. On the right, is Mercury holding Pegasus. On the summit of an arching rock, Mars and Venus are standing together; while Vulcan in his forge, is suffering the torments of jealousy, blown by a malicious Love.

This piece was painted for Louis de Gonzaga, Marquis of Mantua, and decorated the castle of S^t. Sebastian. When Giulio Romano was employed upon that edifice, he banished many of the old paintings; and this piece found its way to France, where it was first lodged in the château of Richelieu, and afterwards removed to the gallery of the Louvre.

It is painted in distemper, and has been engraved by Chataigner, in the Museum published by Filhol.

Width, 6 feet 3 inches; height, 5 feet 1 inch.

NOTICE

ALEXANDRE PILIPEPI,

DIT SANDRO BOTICELLO.

Les noms de famille étant d'un usage assez moderne, on est souvent embarrassé pour savoir exactement le nom d'un artiste. En effet, dans les XVe. et XVIe. siècles, on n'avait pas d'autre nom que celui donné au baptême, et pour facili-ter les moyens de reconnaître les individus, on leur donnait pour sobriquet, soit le nom de leur ville natale, soit celui de leur état, soit celui de leur qualité ou de leur défaut, ou bien enfin à leur propre nom on joignait celui de leur père, en mettant *Jean fils de Pierre*, ou simplement *Jean de Pierre*.

Ce qui nous a entraîné à faire cette réflexion, est que, parmi les différentes dénominations données à l'artiste dont nous nous occupons, il est difficile de reconnaître que Alexandre est le véritable et le seul nom de cet artiste.

ALEXANDRE naquit à Florence en 1437, quelques auteurs lui ont donné le nom de *Pilipepi* que l'on dit son père ; d'autres celui de *Boticello* son maître, puis enfin l'usage italien fait que, au lieu du nom *Alessandro*, on lui a donné souvent le diminutif *Sandro* que l'on joint au nom de son maître. ce qui l'a fait nommé *Sandro-Boticello*.

Notre artiste quitta l'atelier de l'orfèvre Boticello, pour entrer chez le peintre Lippi. Il fit de rapides progrès, devint habile dessinateur et bon peintre. C'est lui qui dessina les vignettes gravées par Baldini, pour la précieuse édition du Dante, imprimée à Florence en 1488.

On voit à Florence et à Rome plusieurs tableaux de ce maître, on y admire un style plein de goût, un coloris vif et piquant, des figures gracieuses.

Alexandre Boticello mourut en 1515.

NOTICE

or

ALESSANDRO PILIPEPI,
called SANDRO BOTICELLO.

Family names being a modern custom, we are often greatly embarrased to know exactly the name of an artist; in fact in the 15th. and 16th. century, there was no other than the christian, or baptismal name, and to facilitate the means of distinguishing individuals, they gave persons as an addition to it, either the name of their city, that of their profession, or of any defect under which they laboured, or even added the name o 'the father of the person, thus John, son of Peter or simply John Peter.

What has induced us to make this reflection is that amongst the different denominations given to the artist of whom we are speaking, it is difficult to know whether Alessandro is his real and only name.

Alessandro was born at Florence in 1437 some authors give him the name of Pilipepi whom they say was his father, others give him that of Boticello his master, then the Italian custom which prevails, in giving diminutives, changes the name of Alessandro into Sandro, which being joined to the name of his master has often occasioned his being called Sandro Boticello.

Our artist quitted the work-shop of the gold smith Boticello to study under the painter Lippi, he made rapid progress, became skilful in drawing as well as painting. He designed the vignettes engraved by Baldini, for the precious edition of Dante printed in Florence in 1488.

Several pictures are seen at Florence and at Rome of this master, in which we may admire a style full of taste, a colouring both lively and agreeable and elegant figures.

Alessandro Boticello died in 1515.

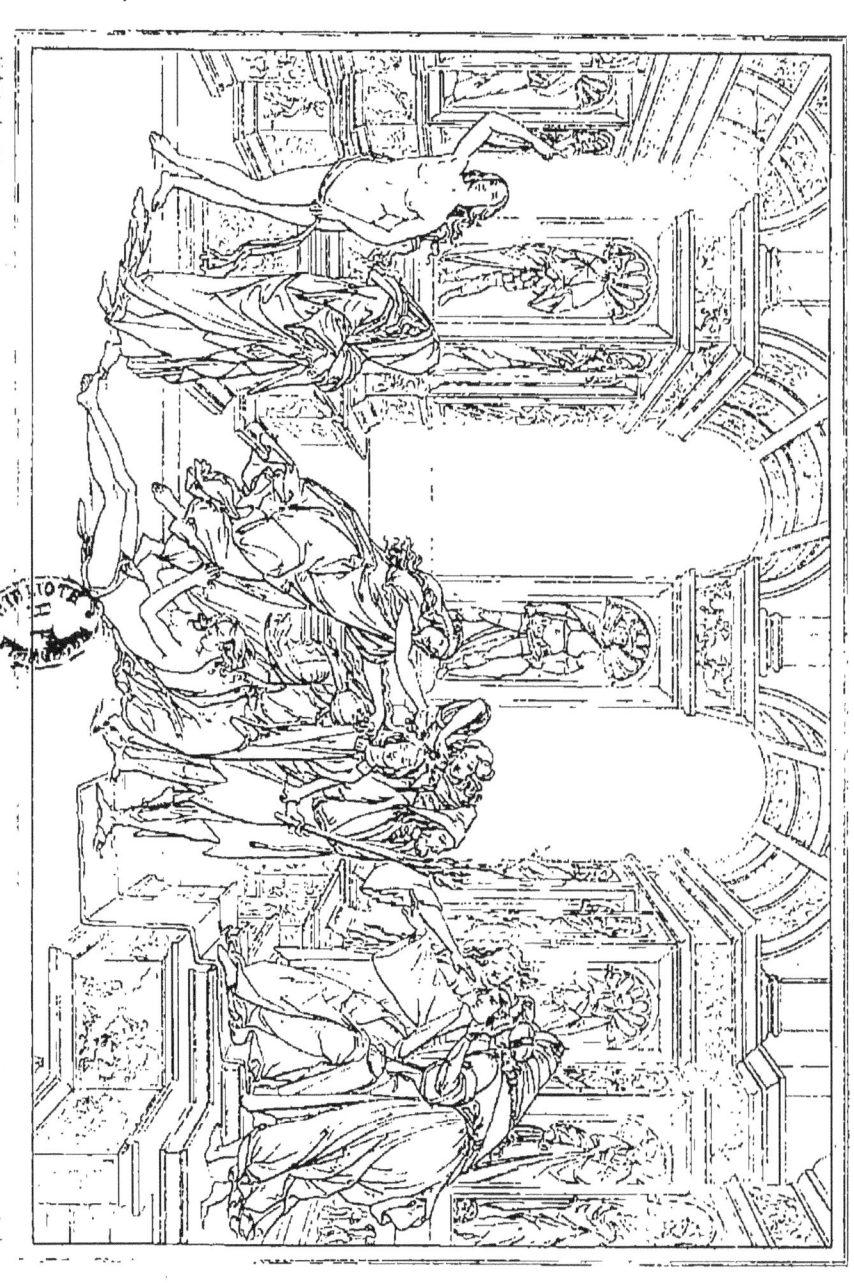

LA CALOMNIE.

Apelle ayant été accusé d'avoir trempé dans une con-
juration, Ptolémée, transporté de fureur, prodigua au mal-
heureux peintre les noms d'ingrat, de traître; peut-être
même l'eut-il fait mourir, si l'un des conjurés n'eût déclaré
qu'Apelle n'avait aucune part à leur complot.

Le roi, ayant reconnu l'innocence de son peintre, le ré-
compensa de son mieux; et l'artiste, pour démontrer les
dangers de la calomnie, composa un tableau dont Lucien
fait ainsi la description : « Sur la droite est assis un homme
qui porte de longues oreilles, semblables à celles de Midas;
il tend la main à la Calomnie, qui s'avance de loin vers lui;
il est accompagné de deux femmes, dont l'une paraît être
l'Ignorance, et l'autre le Soupçon. De l'autre côté s'avance
la Calomnie, sous la figure d'une femme bien parée, mais
agitée par la colère et la rage. D'une main elle traîne par les
cheveux un jeune homme qui lève les mains au ciel, et semble
prendre les dieux à témoins de son innocence; elle est conduite par un personnage pâle et défait, d'un regard sombre,
d'une maigreur extrême, et que l'on reconnaît aisément pour
l'Envie. La Fourberie et la Perfidie font aussi partie du cor-
tège. Plus loin paraît une personne enveloppée dans une
grande draperie noire, c'est le Repentir, détournant la tête
et regardant la Vérité qui paraît la dernière. »

Cette description de Lucien servit de programme à Boticelli pour composer son tableau. Le même sujet fut aussi
traité par Raphael, Lucas Pennis et Frédéric Zuccaro.

Le tableau de Boticelli est peint sur bois, il a appartenu
à Fabio Segni, et fait partie de la galerie de Florence.

Larg., 2 pieds 9 pouces; haut., 2 pieds 7 pouces.

643.

CALUMNY.

Apelles being accused of having dipped in a conspiracy, Ptolemæus in his wrath lavished on the luckless painter, the epithets of ungrateful and traitor; perhaps he would have had him put to death, if one of the conspirators had not declared that Apelles had no share in the plot.

The King having acknowledged the innocence of his painter, indemnified him in the best manner he could, whilst the artist, to demonstrate the dangers of calumny composed a picture, thus described by Lucian : On the right is seated a man with long ears, similar to those of Midas; he is holding out his hand to Calumny who advances towards him from afar; he is accompanied by two women, one of whom appears to be Ignorance, and the other Suspicion. On the other side Calumny is advancing under the form of a woman well attired, but agitated by anger and rage. With one hand she is dragging a young man by the hair, who raises his hands to heaven, and seems to call the Gods to witness his innocence; she is led by a pale and haggard individual, with a down-cast look, extremely lank, and who is easily discerned to be Envy. Falsehood and Perfidy form also part of the retinue. Farther off appears another personage wrapped up in an ample black drapery ; this is Repentance, his head turned aside, and looking at Truth, who appears behind. »

This description by Lucian served as a program to Botticelli in the composition of his picture. The same subject has also been treated by Raphael, L. Pennis, and F. Zuccaro.

Botticelli's picture is painted on wood; it belonged to Fabio Segni, and now forms part of the Gallery of Florence.

Width, 2 feet 11 inches; height, 2 feet 8 inches.

643.

NOTICE

SUR

DOMINIQUE et RIDOLPHE CORADI,

CONNU SOUS LE NOM

DE CHIRLANDAJO.

Dominique Coradi, ordinairement nommé Ghirlandajo, naquit à Florence en 1449. Il apprit l'orfévrerie chez son père, mais il quitta bientôt cet état pour se livrer à la peinture dans laquelle il obtint de brillans succès.

Appelé à Rome par le pape Sixte IV, il fut chargé d'exécuter les peintures de la chapelle pontificale. Ses compositions se font remarquer par la finesse et la variété des idées, ainsi que par la pureté des couleurs et par la perfection des formes. Il mourut en 1493.

Ridolphe Coradi, connu aussi sous le nom de Ghirlandajo, naquit à Florence en 1485. Devenu orphelin avant l'âge de dix ans, il ne put recevoir d'instruction de son père qui avait été le maître de Michel-Ange, mais il reçut des leçons de son oncle David Ghirlandajo. Il eut ensuite l'avantage de voir Raphaël à Florence, et la vue des ouvrages de ce peintre dut contribuer à élever son style et à perfectionner sa manière.

Ridolphe Ghirlandajo ayant obtenu une grande célébrité, son talent lui procura toutes les jouissances de la vie. Il mourut âgé de soixante-quinze ans dans l'année 1560.

NOTICE

OF

DOMINICO CORADI.

Dominico Coradi, commonly called Ghirlandaio, was born at Florence in 1449. He learned the goldsmith's trade of his father; but soon abandoned it for the profession of painting; in which he obtained brilliant success.

Coradi was invited to Rome, by Pope Sixtus IV. to paint the pontifical chapel. His compositions are remarkable for ingenious and varied conception; as well as for purity of colouring, and perfection of form. He died in 1493.

Rodolfo Coradi, also known by the name of Ghirlandaio, was born at Florence in 1485. Before he was ten years of age, he lost is father, who had been the master of Michael-Angelo; and was taught the rudiments of painting by his uncle, David Ghirlandaio. He afterwards had the advantage of seeing Raphael at Florence; and an acquaintance with the works of that artist, doubtless contributed to elevate his style and perfect his manner.

Rodolfo Ghirlandaio obtained great celebrity, and his pencil procured him every enjoyment of life. He died in 1560, at the age of seventy five.

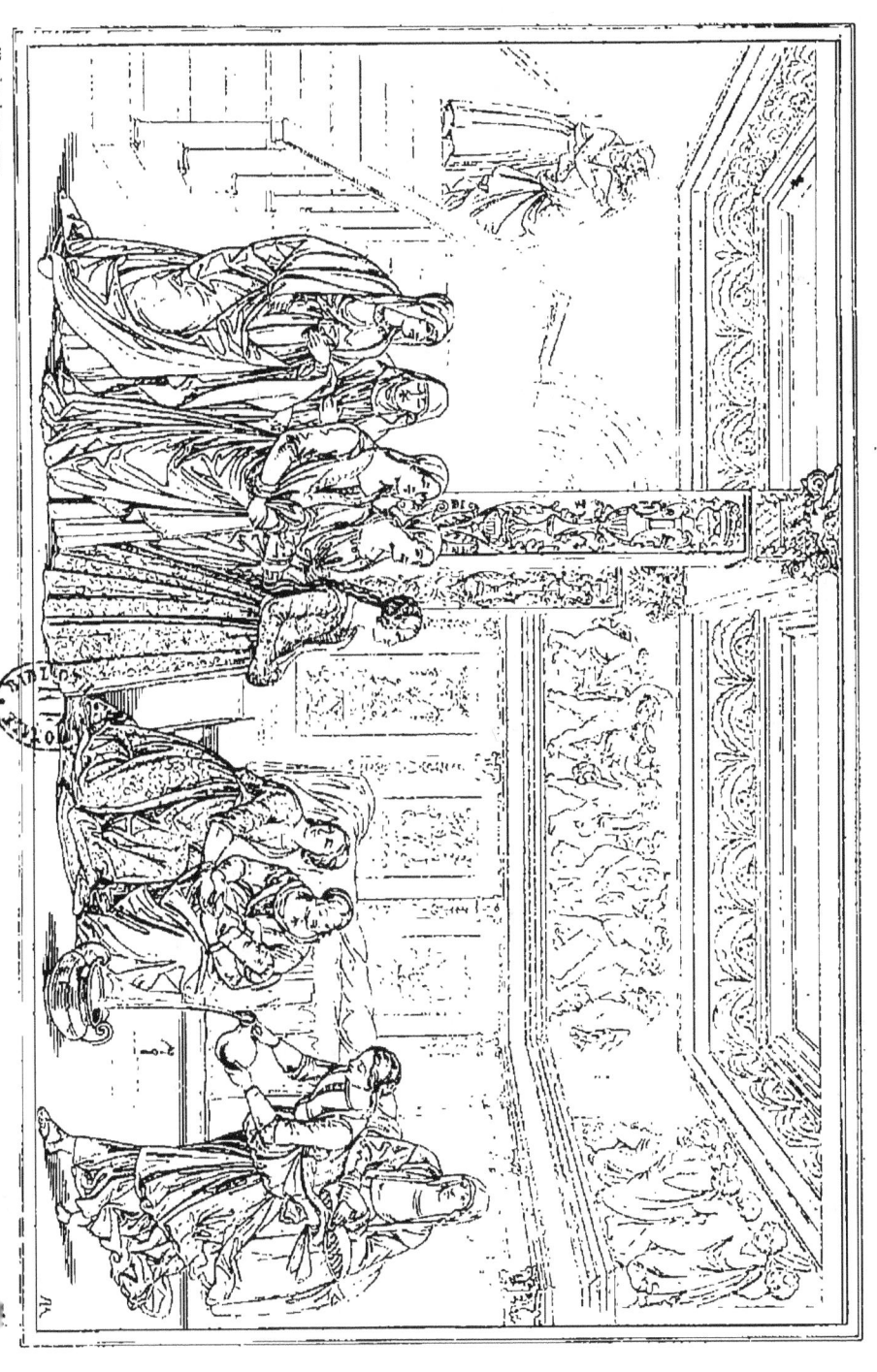

NATIVITÉ DE LA VIERGE.

Dominique Coradi est plus connu sous le nom de Ghirlandaio, parce que son père avait acquis de la réputation à faire des guirlandes en orfévrerie, pour orner la coiffure des dames. Lui-même avait d'abord été orfévre, mais il quitta cet état pour se livrer à la peinture à fresque et en mosaïque. Il eut aussi la gloire d'être le maître de l'immortel Michel-Ange Buonarroti.

Dominique Ghirlandaio fut chargé de peindre à fresque le chœur de Sainte-Marie-Nouvelle, à Florence. Il y retraça d'un côté l'histoire de saint Jean-Baptiste, et de l'autre celle de la Vierge, en plusieurs tableaux. Dans celui où il représente la Nativité, on voit plusieurs femmes donnant quelques soins à l'enfant, tandis que d'autres semblent arriver pour offrir leurs hommages à celle qui deviendra la mère de Dieu.

Sainte Anne à demi couchée se trouve sur le second plan; et dans le fond, à gauche, on voit saint Joachim embrassant sainte Anne.

C'est Ghirlandaio qui le premier, parmi les Florentins, parvint, au moyen de la perspective, à donner à ses compositions la profondeur et la disposition convenables. C'est aussi à lui que l'on doit une grande amélioration dans la manière de draper les figures, et la suppression de ces lourdes franges d'or dont jusqu'alors les peintres avaient eu l'habitude de surcharger les vêtemens.

Ce tableau a été gravé par Charles Lasinio.

Larg. 18 pieds; haut., 12 pieds,

BIRTH OF THE VIRGIN.

Domenico Corradi is better known by the name of Ghirlandaio from the circumstance of his father having acquired some reputation as a goldsmith in making garlands for ladies headdresses. Our artist was himself at first a goldsmith, but he left that trade to give himself up entirely to painting in fresco and mosaic: he also had the glory to be the master of the immortal Michael Angelo Buonarroti.

Domenico Ghirlandaio was commissioned to paint in fresco the choir of Santa Maria Nuova, at Florence. He depicted there on one side the history of S^t. John the Baptist, and on the other, that of the Virgin, in a series of pictures. In that wherein he represents her Birth, several women are seen tending the child, whilst others seem to have come to pay their homages to her who is to become the mother of God.

S^t. Anne is seen reclining in her bed, placed in the middle-ground; and in the back-ground, to the left, S^t. Joachim is seen embracing S^t. Anne.

Ghirlandaio was the first among the Florentines who succeeded, through the means of perspective, to give to his compositions a suitable depth and disposition. To him also is due a great improvement in the manner of draping figures, and the discarding of the heavy gold fringes, with which, until then, painters were accustomed to overload their dresses.

This picture has been engraved by C. Lasinio.

Width, 19 feet 2 inches; height, 12 feet 9 inches.

NOTICE

SUR

FRANÇOIS RAIBOLINI, DIT FRANCIA.

François Raibolini naquit à Bologne vers 1450. Quelques personnes le croient élève de André Mantegna, et prétendent aussi qu'il se fit remarquer comme graveur, mais on ne peut citer aucune planche gravée par lui. Ce qui est certain, c'est qu'il fut renommé par son talent dans l'orfévrerie. Son premier tableau se trouve à la chapelle Bentivoglio dans l'église de Saint-Jacques de Bologne ; il est daté de 1490, et signé *Franciscus Francia Aurifex*. Son tableau le plus célèbre est un saint Sébastien, qui a long-temps servi de *canon* dans l'école de Bologne.

Francia forma une école nombreuse, d'où sortit entre autres le célèbre graveur Marc-Antoine Raimondi.

François Raibolini mourut en 1533.

NOTICE

OF

FRANÇOIS RAIBOLINI, SAID FRANCIA.

François Raibolini was born at Bologne, in 1450. Some
people take him to be a pupil of André Mantaigna, and
also pretend that he caused himself to be remarked as an
engraver; but no mention can be made of any plate engraved
by him; yet certain it is, he was a very skilful gold-smith.
His first picture is to be seen in Bentivoglio chapel in Saint
Jacques church at Bologne, dated 1490, and signed *Franciscus Francis Aurifex*. His most celebrated painting is a Saint
Sebastien, which has been long used as a *canon* in Bologne
School. Francia formed a great Academy whence among
others the famous engraver Marc Antoine Raimondi came
out.

François Raibolini died in 1533.

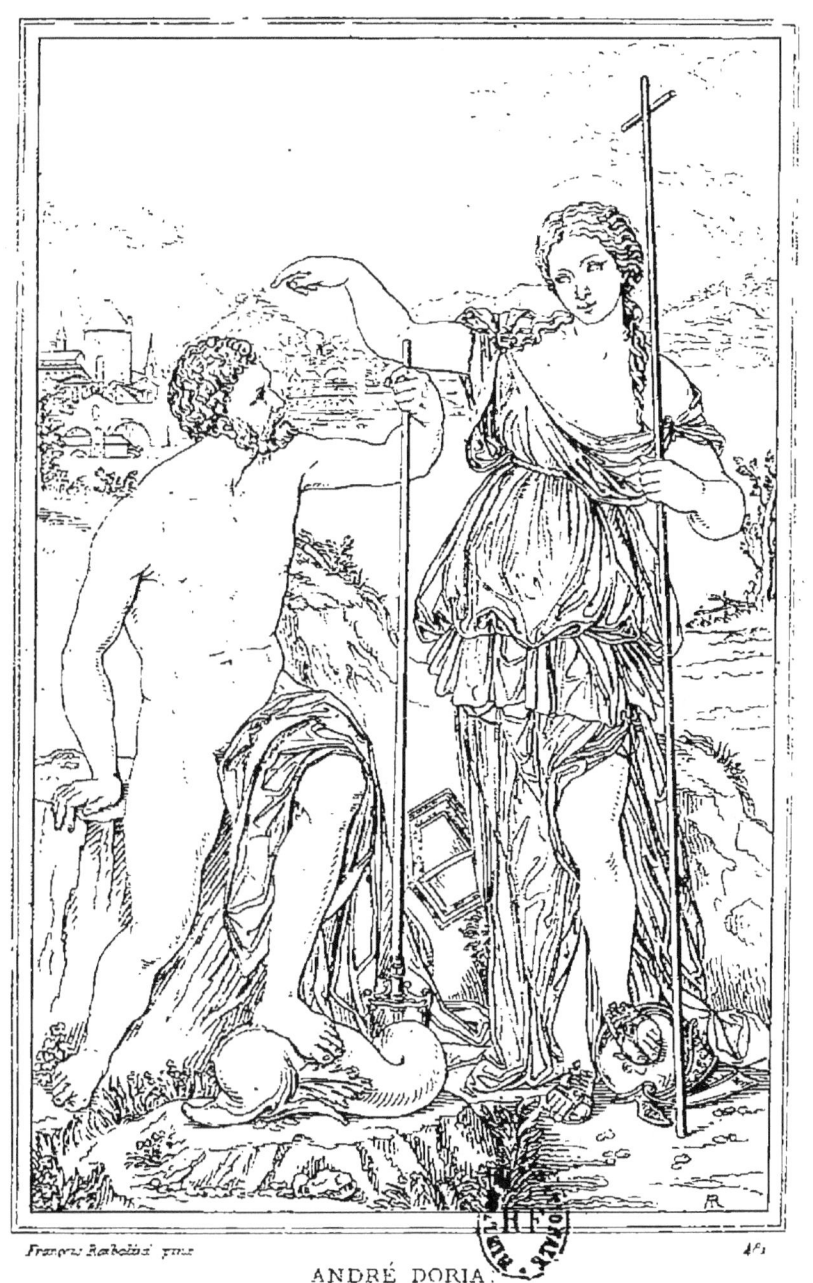

ANDRÉ DORIA.

ALLÉGORIE

ANDRÉ DORIA,

ALLÉGORIE.

Quel que soit le talent d'un peintre, quand il traite un sujet d'une manière allégorique, souvent il est difficile de le comprendre, à moins qu'on n'ait une parfaite connaissance de l'histoire de l'individu dont il est question. Celle-ci pourrait bien ne pas être reconnue au premier coup d'œil par ceux qui ne se rappelleraient pas qu'André Doria, noble génois, fut le plus habile marin de son siècle. Ses premières courses sur mer furent dirigées contre les infidèles. Couronnées du plus grand succès, afin d'en conserver la mémoire, le peintre représenta André Doria avec les attributs de Neptune, pour indiquer que comme ce Dieu il était maître de la mer. Près de l'amiral est la Religion chrétienne, désignée par la croix qu'elle tient de la main gauche, tandis que de l'autre main elle lui indique la prospérité qui l'attend s'il veut continuer à faire triompher la foi catholique.

Ce tableau fut peint en 1512 par François Raibolini, peintre de Bologne, que l'on désigne ordinairement sous le nom de Francia, et qui était alors âgé de 62 ans. Il a fait autrefois partie de la galerie de Modène, et se voit maintenant dans celle de Dresde; il a été gravé par Jacques Folkema.

Haut., 7 pieds 7 pouces; larg., 4 pieds 4 pouces.

ANDREA DORIA,

AN ALLEGORY.

When a subject is treated allegorically, it is often difficult to understand it, whatever may be the painter's skill, unless a perfect knowledge be possessed of the history of the individual in question. The present allegory might very well not be guessed, at the first glance, by those who should not recal to mind that Andrea Doria, a noble Genoese, was the best seamen of his time. His first atchievements at Sea were against the Heathens. Crowned with the greatest success, the artist, to preserve the remembrance of them, has represented Andrea Doria with the attributes of Neptune, to show, that, like that God, he was the master of the Sea. Near the Admiral is Christianity, indicated by the cross, held in her right hand, whilst with the other, she shows him the Prosperity that awaits him, should he continue to make the Catholic Faith triumph.

This picture was painted in 1512, by Francesco Raibolini, a Bolognese, generally known by the name of Francia, and who was then 62 years old. It was formerly in the Modena Gallery, and is now in that of Dresden : it has been engraved by James Folkema.

Height, 8 feet; width, 4 feet 7 inches.

NOTICE

HISTORIQUE ET CRITIQUE

SUR

LÉONARD DE VINCI.

———

Lors de la renaissance des arts, c'est à Florence qu'ils prirent le plus grand essor, et, parmi les hommes de génie qui se firent remarquer, on doit citer particulièrement le peintre Léonard, que l'on regarde comme chef de l'école florentine.

Léonard naquit au château de Vinci, en 1452; et c'est par cette raison qu'on le nomme Léonard de Vinci. Fils naturel de Pierre, notaire de la seigneurie de Florence, il fut doué avec profusion des dons de la nature, et il mit tous ces dons en valeur. On le vit cultiver avec succès, non-seulement les trois arts qui ont rapport au dessin, mais encore les mathématiques, la mécanique, l'hydrostatique, la poésie et la musique. Tous les exercices du corps lui étaient également familiers, et il atteignit un haut degré de perfection dans la danse, l'escrime et l'équitation. A cette vigueur d'esprit si rare, il joignit encore les grâces d'une physionomie charmante et une force corporelle tout-à-fait extraordinaire.

Le père de Léonard ayant remarqué la facilité avec laquelle dessinait son fils, il porta quelques-uns de ses ouvrages à André Verrocchio, son ami. Cet habile artiste, étonné de tant de dispositions , engagea Pierre à lui confier son fils, qui devint alors le camarade et l'émule de l'érugin , devenu si célèbre par la suite comme maître de Raphaël. Léonard devint bientôt assez habile pour aider André Verrocchio, et il travailla concurremment avec lui dans un grand tableau du *Baptéme de Jésus-Christ.* Il fit la figure accessoire d'un ange, tenant les vêtemens du Sauveur, et s'en acquitta avec tant d'habileté, que l'accessoire éclipsa le reste de la composition.

Léonard fut appelé à Milan, en 1489, par le duc Louis Sforza , pour faire la statue que ce prince voulait élever à son père, le duc François; mais il fit le modèle d'une proportion si colossale, que l'on regarda la fonte comme inexécutable. Il fut alors nommé directeur de l'académie de peinture que venait de créer le duc de Milan. Les talens variés de Léonard furent bientôt employés à des travaux extraordinaires. On vante surtout une machine théâtrale, construite à l'occasion des noces de Jean Galéaz, et dans laquelle les planètes roulant dans leur orbite, venaient l'une après l'autre chanter l'épithalame de la mariée. Léonard inventa aussi une lyre d'argent d'une forme particulière, et dont il tirait les sons les plus harmonieux. Il sut aussi triompher de difficultés regardées comme insurmoutables, en parvenant à établir la jonction du canal de Martezana, avec celui du Tesin. Enfin il composa et exécuta, dans le réfectoire des dominicains de Milan, ce célèbre tableau de la Cène, admiré généralement pour l'expression , et que nous avons donné sous le n°. 416.

Lorsque Louis XII s'empara du duché de Milan, et que le duc Louis Storza fut fait prisonnier, Léonard craignit que les faveurs dont il avait joui ne devinssent un motif de persécution; mais le roi, désirant récompenser son mérite, l'accueillit gracieusement et lui assura une pension. Léonard voulut à son tour témoigner sa reconnaissance au monarque vainqueur; il lui présenta un lion automate qui, après avoir fait quelques pas devant le roi, s'arrêta et se leva sur ses pates

de derrière; alors sa poitrine s'ouvrit, et on vit se déve-
lopper l'écusson des armes de France. C'est aussi à lui
que l'on doit l'invention de plusieurs instrumens à l'usage
des tourneurs, et notamment du tour ovale qui est d'une si
grande utilité.

Malgré la faveur dont jouit Léonard de la part du roi, la
domination française lui fut apparemment désagréable, puisqu'il retourna à Florence, où le gonfalonier, Pierre Soderini,
le chargea de peindre, dans la grande salle du conseil, la bataille dans laquelle avait été défait Nicolas Piccinio, l'un
des plus habiles généraux du duc de Milan. Ce tableau ne
fut pas achevé, mais on en connaît un carton, représentant
des cavaliers se disputant une enseigne. Dans cet ouvrage
admirable, la colère et la vengeance des chevaux est ren-
due avec autant de perfection que celle des hommes.

Michel-Ange fut en même temps chargé de peindre une
autre scène de l'histoire des Florentins, c'est pour cela qu'il
fit le carton où les Florentins sont surpris par les Pisans,
tandis qu'ils se baignaient dans l'Arno. Le suffrage des artistes
demeura suspendu entre ces deux chefs-d'œuvre; mais il paraît cependant que Léonard, presque sexagénaire, éprouva
quelques contrariétés de voir son ouvrage mis en parallèle
avec celui d'un jeune homme de trente ans. Il profita donc,
pour s'éloigner de Florence, de l'occasion que lui offrit Julien
de Médicis, qui allait à Rome pour l'exaltation du pape
Léon X, son frère. Quoique accueilli d'abord par le souverain
pontife, il ne tarda pas à s'apercevoir du refroidissement que
lui faisait éprouver la lenteur avec laquelle il travaillait;
lenteur qui était telle, que l'on prétend qu'il fut quatre ans à
terminer ce fameux portrait de la dame *Lise*, femme de Joconde. François Ier. trouva, il est vrai, cette peinture admirable, et la paya 4,000 écus (environ 20,000 francs).

Vers la fin de 1515, Léonard, mécontent des tourmens
qu'il éprouvait en Italie, se détermina à accepter la proposi-

tion du nouveau roi de France : il vint à Fontainebleau, où
le monarque lui fit l'accueil le plus honorable. Il lui assigna
ensuite pour retraite le château de Clou, à Amboise ; mais on
ne voit pas que le peintre ait fait aucun travail dans cette
retraite, où les infirmités de la vieillesse ne tardèrent pas à
l'accabler, et où il mourut le 2 mai 1519, après un séjour de
trois années environ. Son corps fut placé dans l'église de St.-
Florentin d'Amboise.

Quoiqu'on ait souvent dit qu'il mourut à Fontainebleau,
dans les bras de François Ier., et que Ménageot ait représenté
cette scène honorable pour les arts, on doit regarder ce fait
comme douteux, puisque, comme l'a fait observer le professeur Venturi, la cour était alors à Saint-Germain, où la reine
venait d'accoucher ; d'ailleurs il existe des ordonnances données dans cette même ville, à la date du Ier. mai 1519,
ce qui ne pouvait guère permettre au roi de s'être trouvé le
lendemain à Amboise.

Les tableaux de Léonard sont assez rares, aussi met-on un
grand prix à ceux dont l'originalité ne peut être contestée ;
mais on doit dire aussi que souvent on lui attribue des ouvrages de Luini, l'un de ses élèves.

Ce grand homme avait une susceptibilité qui ressemblait
quelquefois à de la jalousie ; mais avec des manières gracieuses et des ressources inépuisables dans l'esprit pour con-
verser sur toutes sortes de matières : on lui reconnaissait généralement des mœurs pures, une âme noble et généreuse, et
une douce philosophie. Autant il avait soigné sa parure dans
le temps où il joignait à la beauté remarquable de son extérieur les goûts de la jeunesse, autant, vers la fin de sa carrière,
et après ses démêlés avec Michel-Ange, il montra d'éloignement pour la recherche des habits. Il avait laissé croître ses
cheveux et sa barbe, ce qui lui donnait l'air d'un vieux Druide.

HSTORICAL AND CRITICAL

NOTICE

OF

LEONARDO DA VINCI.

———

A the revival of the Arts, they flourished principally at Flownce; and among the great men by whom they were cultated, should be mentioned, with peculiar respect, Leonaro da Vinci, reputed the chief of the Florentine school.

Tis celebrated artist, the natural son of Piero, a Notary of lorence, was born in 1452, at the castle of Vinci; fronwhich he derived the surname of *da Vinci*. The gifts of nure were bastowed on him in profusion; and he left none of tem unimproved. Besides the kindred arts of design, he cultated with success, mathematics, mechanics, hydrostatics, poety and music; and at the same time made himself master of d the bodily exercises, excelling alike in dancing, fcneg aud riding. To this uncommon vigor of mind, were joinl the attractions of a beautiful countenance, and great body strength.

H father, observing the facility with which he drew, carriedome of his sketches to his friend Andrea Verocchio, whovas struck by the proofs of genius they displayed, and urge him to confide the son to his care : young Leonardo

thus became the companion and rival of Perugino, afterwards celebrated as the master of Raffaelle. He soon acquired
sufficient skill to assist Veracchio in his works ; and in a
large composition, by his master, of the Baptism of Christ ,
he painted the figure of an Angel holding the Saviour's
garments , with such superiority, that it eclipsed the rest of
the picture.

In 1489, Leonardo was invited to Milan, by the Duke Lewis
Sfarza, to execute the statue which that Prince was about
erecting to the memory of his father, the Duke Francis ; but
the colossal size of his model rendered it impossible to cast
it. He was then appointed Director of the Academy of Painting, recently established by the Duke; and employed his
talents in various extraordinary works. On the occasion of the
nuptials of John Galeazzo, he constructed a vaunted thea-
trical machine, in which the Planets, rolling in their orbits,
appeared in succession, and sung the epithalamium of the
bride. He also invented a silver lyre, of a peculiar form and
ravishing sweetness. By dint of science and ingenuity, he over-
came the obstacles, till then deemed insurmountable, which
opposed the junction of the canal of Martezana with that of
the Ticino ; and finally , he painted in the refectory of the
Dominicans, the celebrated picture of the Last Supper, so uni-
versally admired for expression, which we have seen n°. 416.

When Lewis XII. conquered the Milanese , and made
Lewis Sforza prisoner, Leonardo apprehended persecution on
account of hisfavour with the Duke ; butthe King, who me-
ditated only to recompense his merit, received him gra-
ciously, and accorded him a pension. To shew his gratitude,
eh presented the victorious monarch an automatic lion,
which after advancing a few] steps in the presence, stop-
ped and reared himself on his hinder feet, when his breast
flew open and discovered the scutcheon of the Arms of France.
To Leonardo da Vinci the art of turning is indebted for se-

veral of its implements, especially for that most useful instrument the oval lathe.

But though favoured with the royal protection, Leonardo submitted impatiently to the French yoke, and withdrew to Florence; where he was employed by the Gonfaloniere Pietro Soderini, to paint in the grand hall of the Council, the defeat of Picinino, one of the ablest generals of the Duke of Milan. This picture was never finished, but there exists a cartoon of it, representing a combat of horsemen for a standard, in which the passions of anger and revenge, are no less forcibly expressed in the horses than in the men.

Michel Angelo was charged at the same time to paint another scene of Florentine history, and produced his cartoon of the Florentines surprised by the Pisans, while bathing in the Arno. The judgment of artists remained suspended between these two master-pieces; and Leonardo, who was now nearly sixty years of age, saw with displeasure his work compared to that of a young man of thirty. He accordingly seized the opportunity offered him by Guiliano de' Medici, who was going to Rome for the exaltation of his brother, Leo X., to leave Florence. He was at first received with distinction by the Pontiff, but was soon sensible of a change of disposition occasioned by the slowness with which he worked; which was such that he is said to have been four years in finishing his famous portrait of *Mona Lisa*, the wife of Giocondo. This production was so highly admired by Francis I[st]., that he purchased it for the sum of 4,000 crowns (about 800 pounds).

Towards the close of 1518, Leonardo, harassed by continual vexations in Italy, accepted the invitation of the young King of France, and repaired to Fontainebleau, where he was received with the highest honours. The chateau of Clou was assigned for his retreat; but it does not appear that he executed any work in this retirement, where he soon ex-

perienced the infirmities of age, and where he died on the 2nd.
of May 1819, after a residence of about three years. His remains were deposited in the church of St. Florentin at Amboise.

It has been often repeated that Leonardo expired at Fontainebleau , in the arms of Frances I[st]., and Menageot has represented a scene, alike honorable to the artist and the prince ;
but a part of the story is unquestionably false, as Leonardo
died at Amboise ; and the principal circumstance is, at least,
doubtful for, as Venturi has observed, the Court was then at
Saint-Germain, attending on the Queen, who had just been
brought to bed ; and there exist ordinances signed by the
King at Saint-Germain, on the 1st. of May, which is hardly
compatible with the supposition of his being on the 2nd. at
Amboise.

Leonardo's da Vinci's pictures are rare, and when undoubtedly original are of inestimable price : the works of his
pupil Luini are often attributed to him.

This great man has a susceptibility of temper bordering
upon jealousy : yet he is generally allowed to have possessed
with pure morals, a noble and generous soul , and a
humane and rational philosophy. His manners were graceful,
and the inexhaustible stores of his mind furnished him mate-
rials for conversation, on every subject. In the early part of
his life, while animated by the passions of youth, and distinguished for personal beauty, he was remarkably attentive to
his dress ; but in his latter years, and after his dissentions
with Michael Angelo, he became averse to the care of his
person, and even suffered his hair and beard to grow; which
gave him the appearance of an aged Druid,

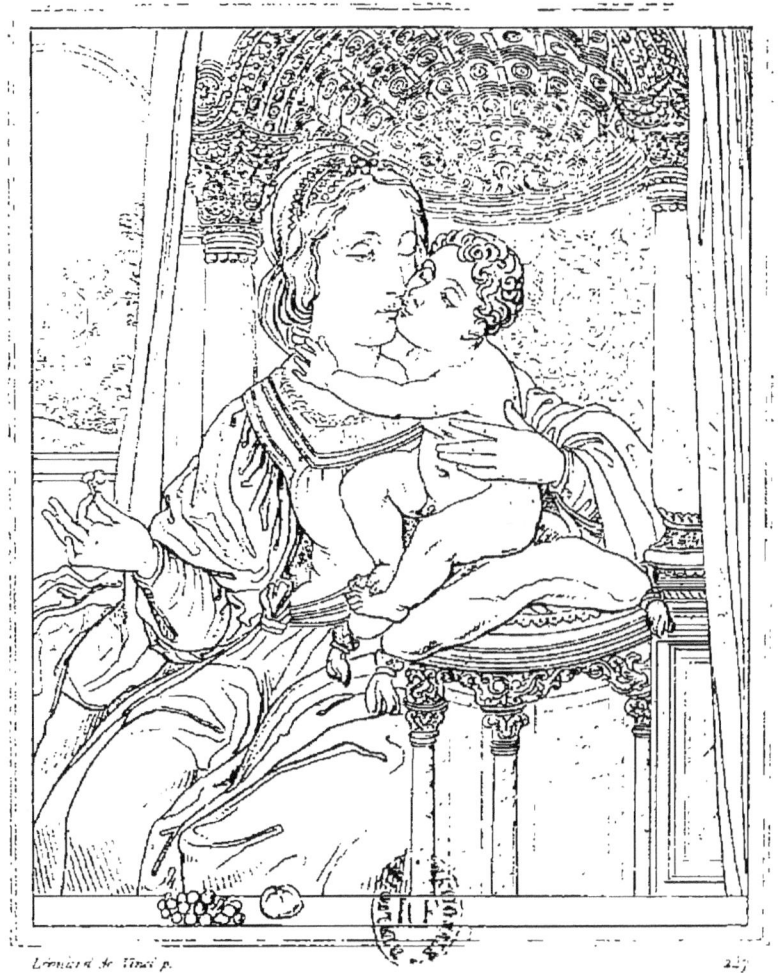

247

STᵉ FAMILLE

SAINTE FAMILLE.

Presque tous les peintres anciens ont traité ce sujet, de sorte qu'en les réunissant tous on pourrait facilement s'en servir comme d'un moyen de comparer le talent de chacun d'eux, sous le rapport de la composition et de l'expression.

Léonard de Vinci, peintre de l'école florentine, s'est fait remarquer par la correction de son dessin, par la beauté d'expression de ses figures, et par la finesse de son pinceau. Dans ce tableau, d'un fini des plus précieux, les détails sont faits avec le plus grand soin, sans nuire en rien à l'effet général.

Le paysage qui se voit à gauche est bien composé et d'un effet agréable. Ce tableau est peint sur bois; il fut apporté en France en 1776 par le compositeur Piccini, à qui il avait été donné, à ce qu'on croit, par la princesse Belmonte. Resté longtemps dans cette famille, il est maintenant chez M. Putois.

Haut., 2 pieds 4 pouces; larg., 1 pied 11 pouces.

THE HOLY FAMILY.

Almost all the old masters have treated this subject, so that in collecting their various illustrations of it, we could easily use them as the means of comparing their different talents together, in regard the composition and expression.

Leonardo de Vinci, a painter of the Florentine school, rendered himself remarkable by the correctness of his drawing, the beautiful expression of his faces and the delicacy of his pencil. In this picture, of the most exquisite finish, the details are elaborately wrought, without hurting in the least the general effect.

The landscape to the left is well composed and of an agreeable nature. This picture is painted on wood, it was brought into France in the year 1776, by Piccini the composer, to whom it was given, it is believed, by the princess Belmonte. It remained for along period in his family. It now belongs to M. Putois.

Height, 2 feet 6 inches; breadth, 2 feet.

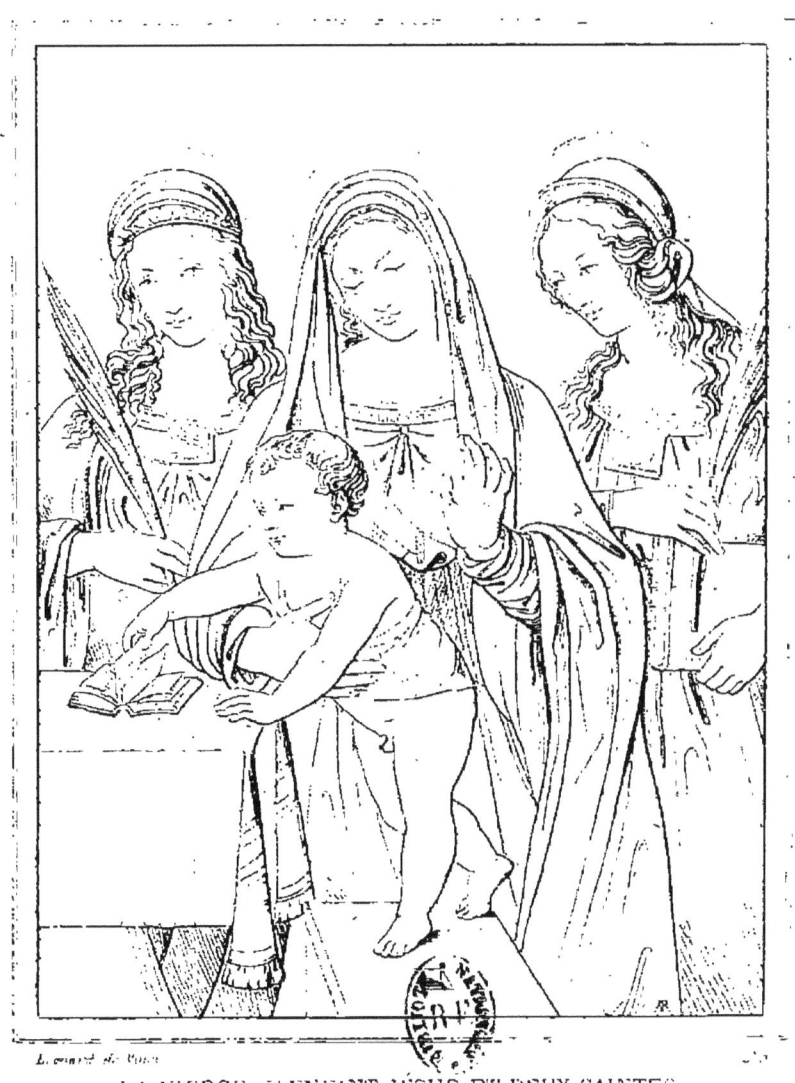

LA VIERGE, L'ENFANT JÉSUS ET DEUX SAINTES

E :

LA VIERGE,

L'ENFANT JÉSUS ET DEUX SAINTES.

Il est impossible de rien voir de plus fin et de mieux exécuté que ce tableau de la Vierge avec l'enfant Jésus, accompagnés de sainte Catherine et de sainte Barbe. La figure de l'enfant est des plus gracieuses, les trois autres têtes sont également belles, et donnent une haute idée du talent de Léonard de Vinci; mais on peut s'étonner de la régularité de leur pose, et cela prouve que souvent les peintres de ce temps s'occupaient moins de montrer leur talent dans la composition, que de mettre dans les têtes la beauté et l'expression que l'on ne peut s'empêcher d'admirer.

Suivant un usage assez fréquent à cette époque, le nom de la Vierge est écrit sur la bordure de sa robe, celui de sainte Barbe l'est également. Indépendamment de la palme du martyre qu'elle tient de la main gauche, elle porte sur sa poitrine un médaillon où se voit une tour, son attribut distinctif. Le nom de sainte Catherine n'est pas écrit sur sa robe, mais cette sainte est désignée d'une manière précise, et par la palme qu'elle tient de la main droite, et par le médaillon où se trouve la roue, instrument de son martyre.

Ce précieux tableau fait partie de la riche et nombreuse collection du prince Esterhazy à Vienne; il a été gravé en 1827 par Joseph Steinmuller.

Ce tableau est peint sur bois.

Haut., 2 pieds 10 pouces; larg., 2 pieds 2 pouces.

THE VIRGIN,

THE INFANT JESUS AND TWO FEMALE SAINTS.

It is impossible that any thing can be more finely and more admirably executed than this picture of the Virgin and the infant Jesus, accompanied by saint Catherine and saint Barbara. The figure of the infant is most graceful, the other three are equally beautiful, and give an high idea of Leonardo de Vinci's talent; but we may be surprized at the regularity of their position, and this proves that the painters those times, often occupied themselves less, with showing their talent for compositions, than in filling their figures with a beauty and expression, that excited universal admiration.

Following a custom sufficiently common at that period, the name of the Virgin is written or the border of her robe, and saint Barbara's in the same manner. Independently of the palm of martyrdom, which saint Barbara holds in her left hand, she carries in her bosom a medallion, on which her peculiar attribute is seen. The name of saint Catherine is not written upon her robe, but this saint is clearly pointed out, as well by the palm contained in her right hand as by a medallion, on which the wheel may be seen, the instrument of her martyrdom.

This estimable picture formed a part of the rich and valuable collection belonging to prince Esterhazy at Vienna; it was engraved in 1827 by Joseph Steinmuller.

This picture is painted on wood.

Height, 2 feet 11 inches; larg., 2 feet 3 inches.

253.

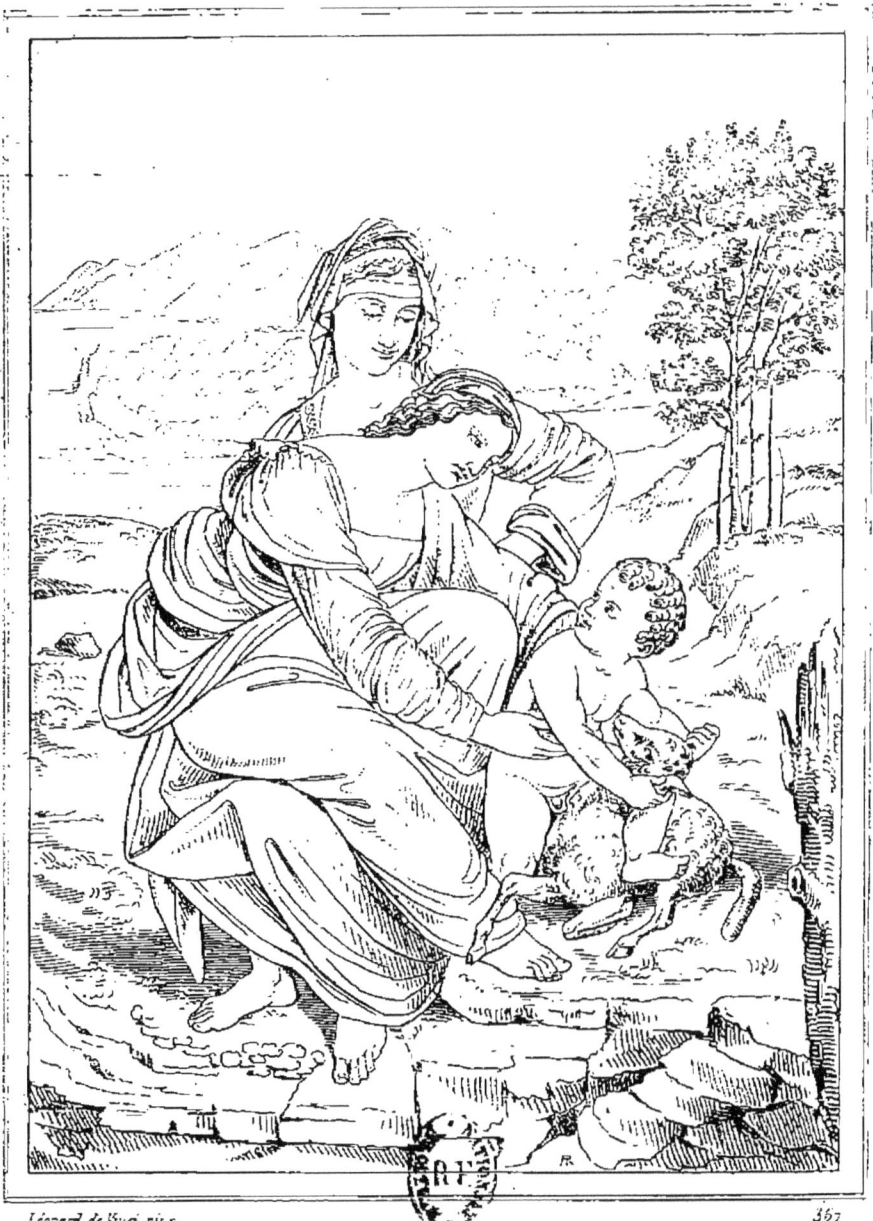

Léonard de Vinci pinx.   367

Ste FAMILLE.

SAINTE FAMILLE.

Dans le tableau que nous voyons ici, Léonard a exprimé une pensée neuve et singulière. Il a imaginé de peindre la Vierge soutenant son fils et assise elle-même sur les genoux de sa mère. L'artiste a voulu par là faire sentir que la Vierge, devenue mère, n'avait rien perdu de son innocence. Naïve et timide, la jeune Marie semble avoir à peine quitté le sein de sa mère; elle joue avec l'enfant Jésus, elle est en quelque sorte encore enfant elle-même.

La composition de ce tableau est, sans aucun doute, de Léonard, puisque Vasari rapporte que, lorsque le dessin en fut exposé à Florence, sa vue excita un enthousiasme général; mais quelques personnes ont cru que l'exécution de ce tableau ne devait pas être attribuée à ce peintre.

Ce tableau est peint sur bois; il a appartenu au cardinal Mazarin, et a été gravé par Jean Cantini, de Florence.

Haut., 5 pieds 1 pouce; larg., 3 pieds 6 pouces.

THE HOLY FAMILY.

In the picture we have before us, Da Vinci has rendered a novel and singular conception. He has drawn the Virgin nursing her Son, whilst she is herself seated on her mother's lap. By this, the artist has wished to impart, that the Virgin, although become a mother, had lost nothing of her primitive innocence. Ingenuous and timid, the young Mary seems to have scarcely left her own mother's fostering bosom : she is playing with the Infant Jesus, and is in a manner of speaking, a child herself.

There is no doubt of the composition of this picture being Da Vinci's, since Vasari relates, that when the drawing of it was exhibited at Florence, its appearance excited general enthusiasm : but some persons have thought that the execution of the painting ought not to be attributed to that artist.

This picture is painted on wood; it belonged to the cardinal Mazarine, and has been engraved by Giovanni Cantini, of Florence.

Height, 5 feet 4 $\frac{3}{4}$ inches; width, 3 feet 8 $\frac{1}{2}$ inches.

367.

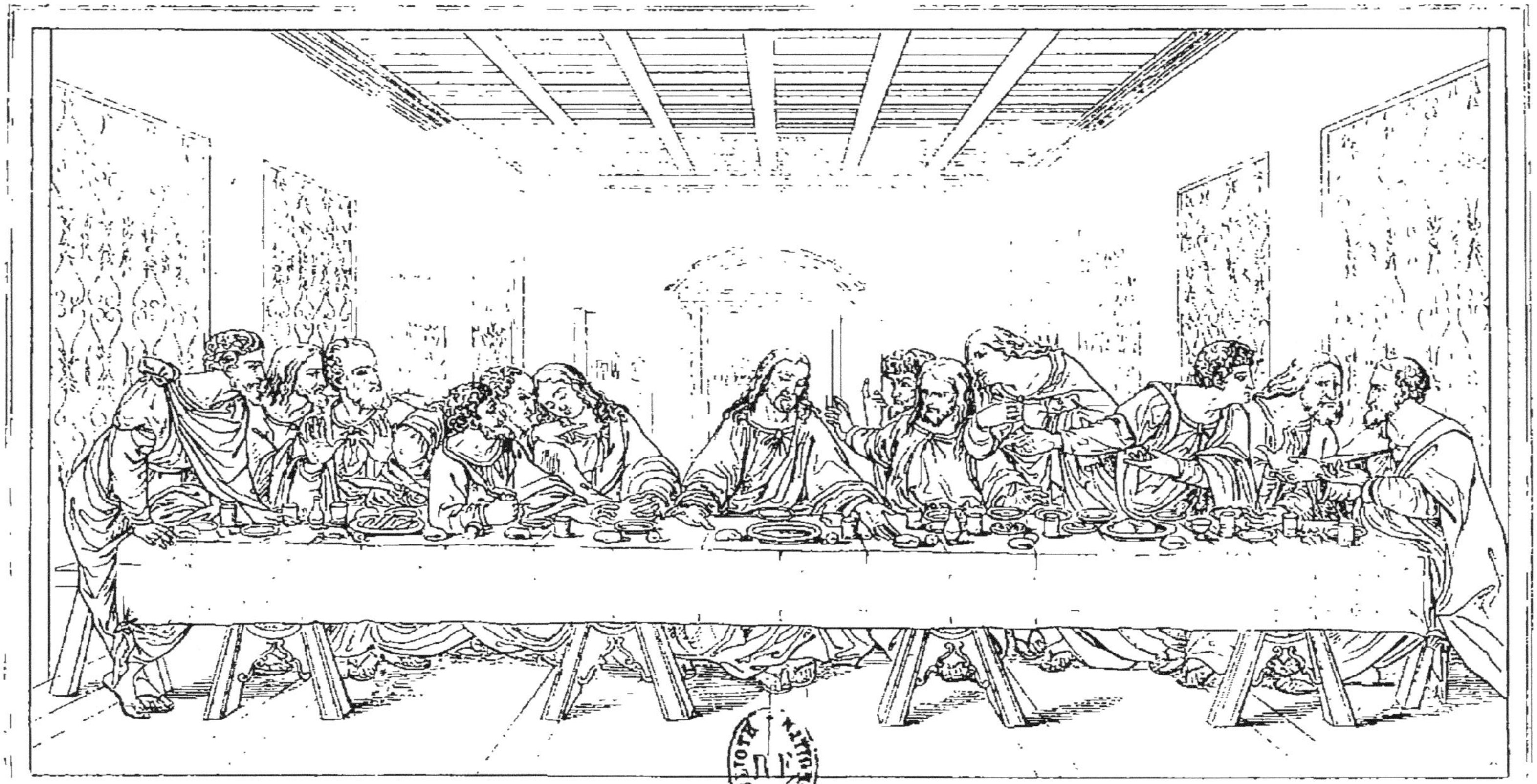

Léonard de Vinci pinx.

LA CENE

LA CÈNE.

En représentant la Cène de Jésus-Christ avec ses Apôtres, Léonard a choisi le moment où le Sauveur leur apprend que l'un d'eux le trahira : chacun lui en témoigne sa surprise, et Judas répond précipitamment : « Serait-ce moi, Seigneur? »

On ne saurait trouver ailleurs une ordonnance plus simple, plus noble et plus belle, soit dans l'agencement des groupes, soit dans l'ensemble de la composition. La vivacité, la justesse et la convenance des expressions, décèlent une profonde étude du cœur humain. La variété des caractères de tête prouve qu'elles ont été étudiées d'après la nature.

Ce tableau est sublime, les peintres peuvent y puiser d'excellentes leçons : on y trouve la force réunie à la vérité et à la noblesse. La précision s'y montre sans sécheresse, et le fini des détails ne nuit en rien à l'effet général.

Ce tableau est peint à l'huile, sur le mur du réfectoire des dominicains de Milan, au dessus de la porte d'entrée. On assure que Louis XII, tandis qu'il possédait le duché de Milan, voulut le faire apporter en France; mais il fallait enlever le mur, et la difficulté de cette opération empêcha de l'entreprendre. L'humidité a causé depuis long-temps des dégradations considérables, qui ont nécessité des restaurations souvent maladroites. L'empereur Napoléon fit faire en mosaïque une copie de ce tableau: elle n'était pas encore terminée en 1815, et depuis elle fut transportée à Vienne.

Il existe une ancienne gravure de ce tableau, faite par Soutman, d'après un dessin de Rubens : Raphaël Morghen en a fait une très belle gravure d'après un dessin de Matteini.

Larg., 18 pieds; haut., 8 pieds.

᚛●᚜

THE LAST SUPPER.

In representing the Lord's last Supper with his Apostles, Leonardo has chosen the moment when our Saviour says that one of them shall betray him : they all testify their surprise, whilst Judas immediately answers : «Master, is it I?»

It would be impossible to find else where a more simple, a more noble, and a finer arrangement, whether in the casting of the groups or in the whole of the composition. The vivacity, truth, and suitableness of the expressions, display a profound knowledge of the human heart. The variety of the characters in the heads, proves that they were studied from nature.

From this sublime picture, artists may derive excellent lessons : strength, joined to truth and grandeur, is found in it : there precision shows itself without dryness, and the finish of the details by no means prejudices the general effect.

This picture is painted in oil colours, on the wall of the refectory of the Dominicans of Milan, above the principal door-entrance; and it is asserted that whilst Lewis XII had possession of the dutchy of Milan, he wished to have it taken to France, but as it was necessary to carry off the wall, the difficulty of the operation forbad the undertaking. From a long time the damp has occasioned it considerable damages requiring repairs, that have often been unskilful. The Emperor Napoleon caused a copy in mosaic to be taken from this picture; but not being finished in 1815, it has since been carried to Vienna.

There exists an old engraving of this picture by Soutman from a drawing by Rubens : Raphael Morghen has made a very fine engraving of it from a drawing by Matteini.

Width, 19 feet 1 inch; height, 8 feet 6 inches.

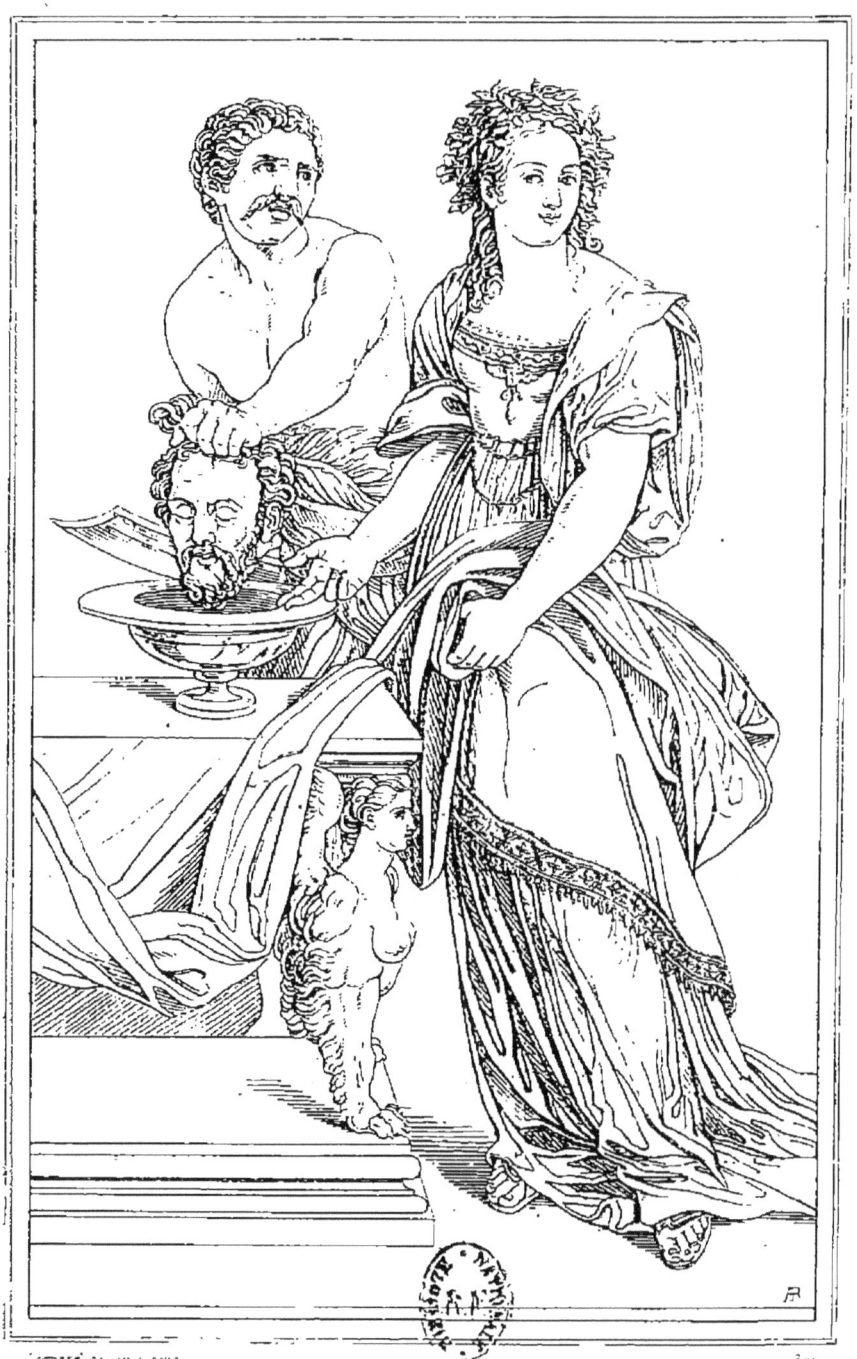

391

SALOMÉ FILLE D'HERODIADE

SALOMÉ,

FILLE D'HÉRODIADE.

Hérode Antipas, tétrarque de Galilée, ayant répudié sa femme, épousa Hérodiade, femme de son frère. Saint Jean-Baptiste osa lui reprocher ce double adultère, et il fut mis en prison; mais Hérodiade, pour se venger, voulait la mort du saint prophète. A la suite d'un repas splendide, Salomé, fille d'Hérodiade et de Philippe, son premier mari, ayant dansé devant Hérode, lui plut tellement qu'il promit avec serment de lui accorder ce qu'elle demanderait. Cette fille, d'après le conseil sa mère, revint en disant: «Je demande que vous me donniez maintenant, dans un bassin, la tête de saint Jean-Baptiste.» Le prince en fut très fâché; mais, à cause de son serment et de ceux qui dînaient avec lui, il ordonna à l'un de ses gardes d'aller couper la tête à saint Jean-Baptiste.

C'est à tort qu'on donne le nom d'Hérodiade à ce sujet, puisque ce n'est pas elle qui y est représentée, mais sa fille Salomé.

Léonard, dans ce tableau, a montré un grand talent dans l'expression de ces deux figures. La tête du bourreau laisse voir l'affliction que lui cause l'action abominable dont il vient d'être l'instrument, tandis que Salomé, par son sourire, montre un caractère odieux. Les deux figures sont d'un faire admirable et très soigné; elles se détachent sur un fond entièrement noir, ce qui n'est pas d'un effet très heureux.

Ce tableau fait partie de la galerie de Vienne, mais c'est une erreur de croire qu'il a appartenu au cardinal Mazarin, il ne se trouve pas sur son inventaire. Peint sur bois, il a été gravé par P.-J. Eisner, et lithographié par Zwinger.

Haut., 4 pieds 4 pouces; larg., 2 pieds 9 pouces.

391.

NOTICE

OF

BARTOLOMMEO DI SAN MARCO.

Bartolommeo di San Marco is known in Italy by the cognomen of Fra Bartolommeo, from his having been a monk of the order of S^t. Dominic. He was born at Savignano, near Florence, in 1469. A pupil of Cosimo Roselli, he particularly formed himself by studying Leonardo da Vinci. Being very intimate with the celebrated Girolamo Savonarola, and struck with the declamation of this rigid preacher, he threw into the flames all his designs and pictures, representing nudities. He was in the convent of the Dominicans when his friend Savonarola was arrested, and witnessing the fight that took place on the occasion, between the monks and the officers of justice, he made a vow, that should he escape from the danger, he would take to the monastic habit. Thus he entered the order, in 1500, and remained in it four years without giving any attention to his Art, except occasionally painting the portraits of some of his brethren.

A journey to Rome, where he saw Michael Angelo's and Raphael's works, rekindled his imagination; and on his return to Florence, he executed a few pictures. Ever following Nature, he never painted a figure without having made a cartoon wherein he carefully studied the forms, and the light and shade. Sure of his drawing, he then had, when painting, to attend to the colouring only : thus his pictures are remarkable for their grace, correctness in drawing, and strong colouring.

Fra Bartolommeo invented the *Mannikin* or *Layman*; by this means he perfected the art of draping figures. He died at Florence, in 1517, aged 48 years.

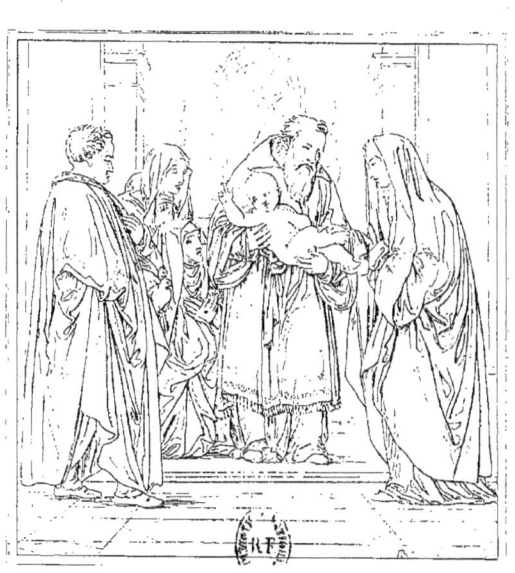

LA PRÉSENTATION.

Les tableaux de Fra-Bartolomeo sont rares, et par consé-
quent leur mérite est moins connu qu'il ne devrait l'être.
Le peintre a souvent abandonné le pinceau, soit que sa
modestie l'empêchât de sentir la force de son talent, soit que
sa piété l'ait empêché de croire qu'on peut se livrer, sans
danger, à l'étude des beaux-arts.

Né cinq ans avant Michel-Ange, Fra-Bartolomeo se trouve
l'un des chefs de l'école florentine, et pourtant son nom est
moins célèbre que ceux de Léonard de Vinci et de Michel-
Ange, ses contemporains.

Ce peintre s'est surtout fait remarquer par la simplicité et
la vérité de ses draperies ; il sut voir que sur les parties sail-
lantes il ne doit y avoir ni plis fortement ressentis, ni aucune ombre. Il trouva, le premier, la bonne manière de draper en faisant sentir le nu à travers les étoffes. On peut trouver une preuve de son talent, dans la manière vigoureuse dont
est coloré ce tableau de la Présentation de Jésus-Christ au temple, et ce n'est pas là son seul mérite, car assurément la composition est des plus belles, et les têtes sont toutes d'une expression sublime.

Ce petit tableau, peint sur bois, fait partie de la galerie
de Florence ; il a été gravé par Massard.

Haut., 3 pieds 7 pouces ; larg., 2 pieds 6 pouces.

631.

THE PRESENTATION.

Fra Bartolommeo's picture are scarce and consequently their merit is less known than it ought to be : this painter often threw his pencil aside, either, because diffidence prevented his feeling the strength of his talent, or, because his piety made him believe it dangerous to his salvation to yield to the study of the Fine Arts.

Born five years before Michael Angelo, Fra Bartolommeo is one of the founders of the Florentine School, and yet his name is less spread than Leonardo Da Vinci's and Michael Angelo's, his contemporaries.

This painter is particularly distinguished for the simplicity and fidelity of his drapery; he discovered that on the projecting parts there ought to be neither folds strongly marked, nor any shading. He was the first who found the proper means of casting drapery so as to show the naked parts through the stuffs. A proof of his talent is found in the vigorous manner with which this picture of the Presentation of Jesus Christ at the Temple is coloured; but that is certainly not its only merit, for assuredly the composition is of the finest kind, and the heads have all a sublime expression.

This small picture, which is painted on wood, forms part of the Gallery of Florence : it has been engraved by Massard.

Height 3 feet 10 inches; width 2 feet 8 inches.

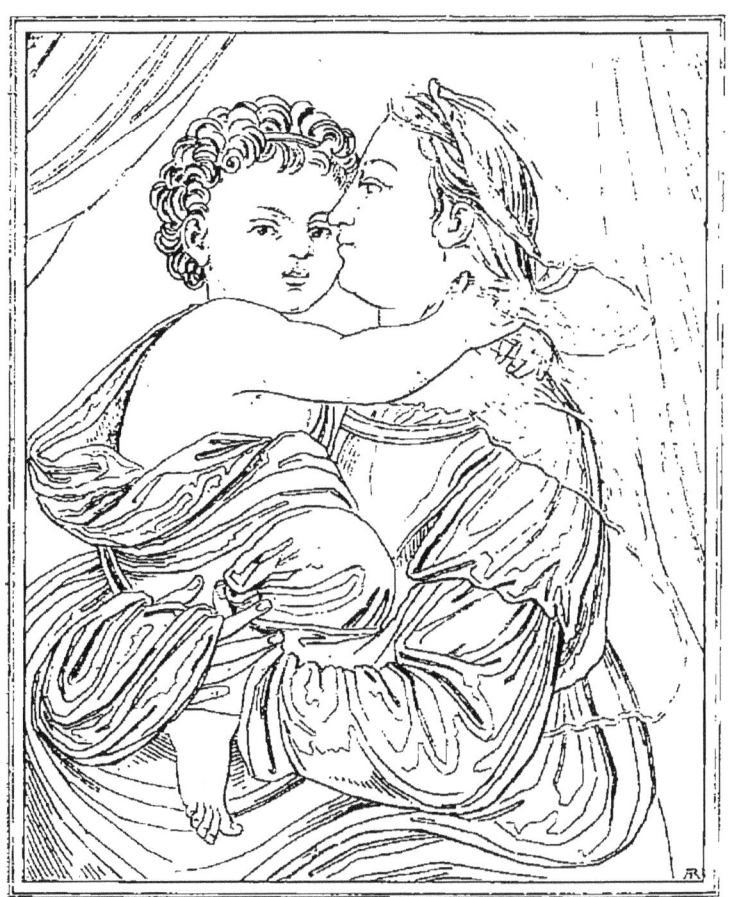

Fra-Bertolomeo pinx. 620

LA VIERGE ET L'ENFANT JÉSUS.

LA VIERGE ET L'ENFANT JÉSUS.

Dans ce tableau de la Vierge tenant l'enfant Jésus, la tête de l'enfant a quelque chose de divin ; il n'en est pas de même de celle de la Vierge, qui manque de jeunesse, et n'a rien de l'expression virginale que l'on donne ordinairement à la mère de Dieu. On pourrait conclure de là que le peintre a fait ici un portrait, mais rien ne fait soupçonner le nom du personnage représenté.

L'auteur de ce tableau a plusieurs surnoms, ce qui fait que l'on est souvent embarrassé pour le bien désigner. Son véritable nom est Bartolomeo ; mais, les Italiens employant ordinairement des diminutifs, il était appelé *Baccio*. Né près de la porte de sa ville, il porta le nom de *Baccio della porta* ; enfin s'étant lié avec le célèbre Savonarole ; il entra, ainsi que lui, dans l'ordre des Dominiquins, et prit alors la qualification de *frère*, ce qui fait qu'on le désigne ordinairement sous le nom de *Fra-Bartolomeo*, et aussi tout simplement *il frate*.

Ce tableau est peint sur bois ; il donne une haute idée du talent de Bartolomeo. On peut y admirer une touche très soignée, un coloris des plus moelleux. Il a fait autrefois partie de la galerie de l'archiduc Léopold, à Bruxelles, et se voit maintenant dans la galerie de Vienne.

Il a été gravé par Vande Stien et par C. Pfeiffer.

Haut., 2 pieds 7 pouces ; larg., 2 pieds 2 pouces.

620.

≥◦≤

THE VIRGIN AND INFANT JESUS.

In this picture, the Virgin holding the Infant Jesus, the child's head has something divine; not so the Virgin's, which wants in youthfulness, and has nothing of that virginal expression usually given to the mother of God. It might thence be concluded that the painter intended to delineate a portrait; but there is no clue to guess the name of the person represented.

The author of this picture had several surnames, so that it is often rather puzzling to designate him rightly. His true name is Bartolommeo, but the Italians making frequent use of diminutives, he was called *Baccio*. Being born near the city gate he bore the name of *Baccio della Porta;* at last connecting himself with Savonarola, he entered with him in the fraternity of the Dominicans and thence took the title of *Frate*, or Brother, which causes him to be generally mentioned under the name of *Fra Bartolommeo,* or merely *Il frate*.

This picture is painted on wood, and gives a very favorable idea of Bartolommeo's talent : the careful manner with which it is pencilled, and its mellow colouring must be admired. It formerly formed part of the Gallery of the Archduke Leopold at Brussels, and it now is in the Gallery of Vienna.

Both Vander Stien and C. Pfeiffer have engraved it.

Height 2 feet 9 inches ; width 2 feet 3 inches.

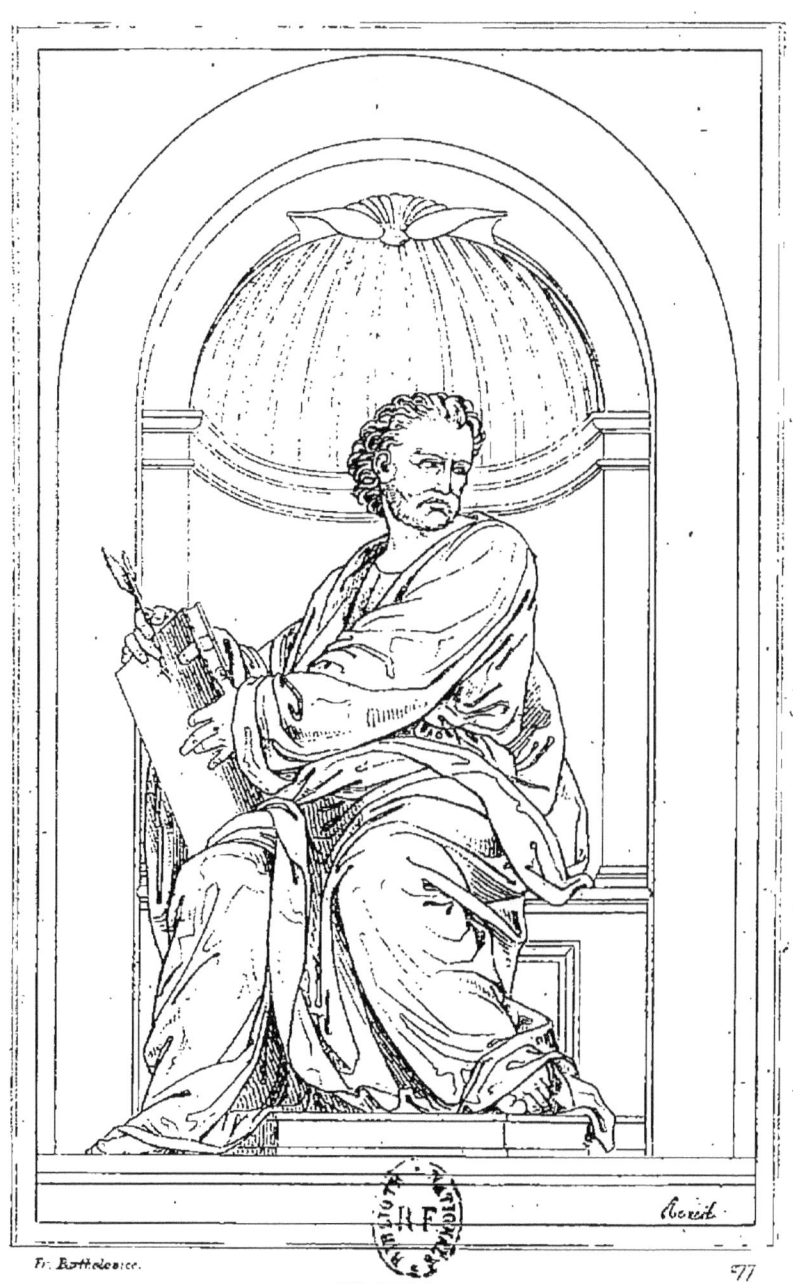

Fr. Bartholomée.

ST MARC.

77

⋙•⋘

SAINT MARC.

La figure de cet évangéliste a été faite pour décorer l'église de Saint-Marc à Venise. Destinée à être vue de loin, elle perd maintenant une grande partie de son effet en se trouvant dans une galerie; cependant la composition est si grandiose, que sa vue produit une impression semblable à celle qu'on éprouve en voyant le Père Éternel débrouillant le chaos, peint par Raphaël dans les loges du Vatican, ou la figure de Charlemagne, peinte par M. Gros dans la coupole de Sainte-Geneviève à Paris.

Saint Marc assis est drapé d'une manière large, qui cependant laisse apercevoir le nu avec la plus exacte vérité; mais la couleur est trop uniforme et d'un ton trop rouge.

Le peintre de ce tableau se nomme Barthélemy della Porta, mais, religieux de l'ordre de Saint-Dominique, il est plus connu sous son nom de religion Fra-Bartholomeo. Il naquit à Florence en 1469, et mourut en 1517.

Ce tableau a été gravé dans la Galerie de Florence par P. G. Langlois.

Haut., 10 pieds ; larg., 6 pieds 7 pouces.

277.

SAINT MARK.

The figure of this evangelist was painted for the church of Saint-Mark at Venice, destined to be seen from a distance, it now loses a great part of its effect by being placed in a gallery, nevertheless its composition is so sublime, that it creates the same impression, as that which we feel in seeing the Eternal reducing chaos to order, painted by Raphael in the gallery of the Vatican, or the figure of Charlemagne, painted by M. Gros in the cupola of Saint-Genevieve at Paris. Saint Mark is sitting, the drapery is painted in a grand style, which however discloses, nudity of the most exact truth; but there is too much uniformity of colouring and the tone is too red.

The painter of this picture is called Barthelemy della Porta; but having been a monk of the order of Saint-Dominic, he is better known by his religious name Fra-Bartholomeo. He was born at Florence in 1469, and died in 1517.

This picture was engraved in the Florence gallery by P. G. Langlois.

Height, 10 feet 7 inches; breadth, 6 feet 11 inches.

277.

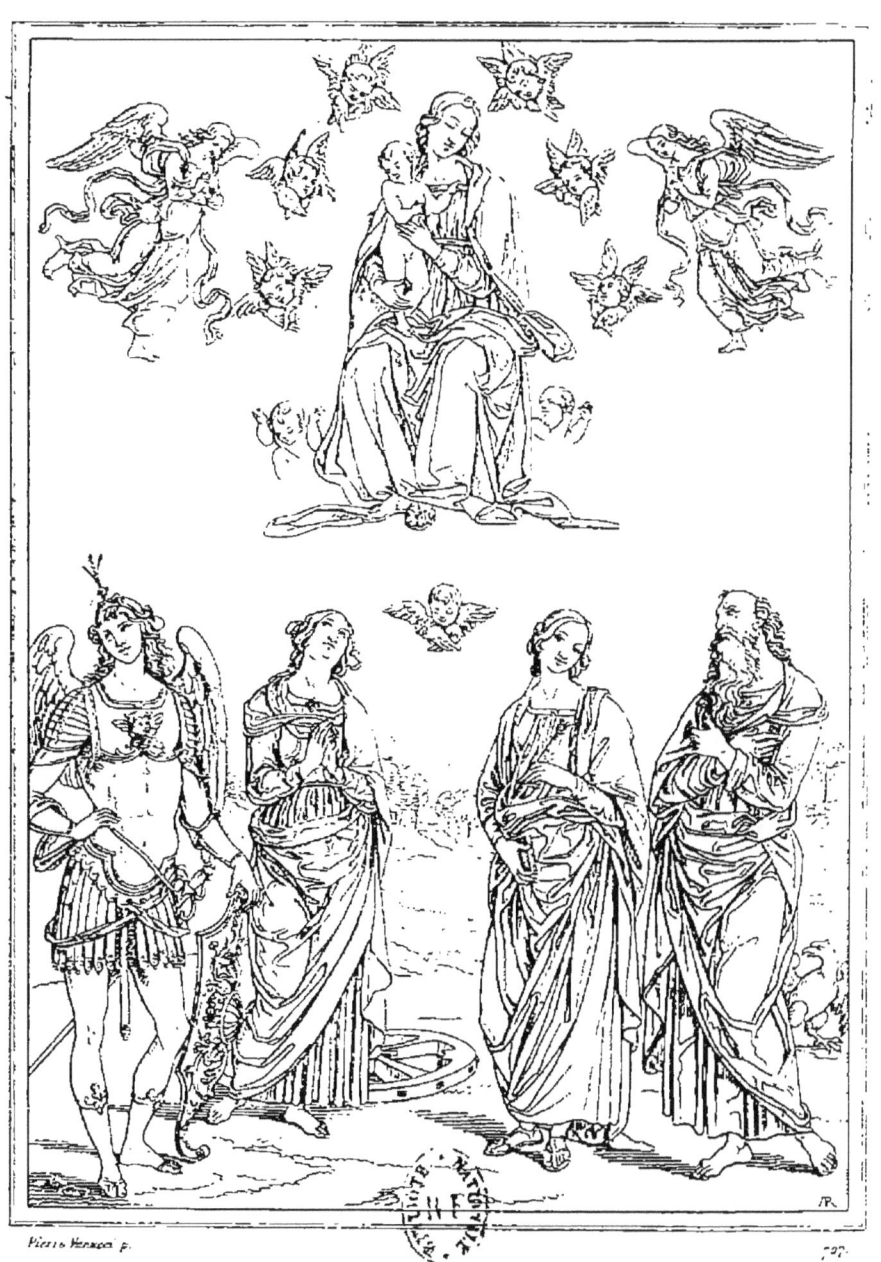

Pierre Perugin p.

LA VIERGE ET L'ENFANT JÉSUS AVEC PLUSIEURS SAINTS.

I.

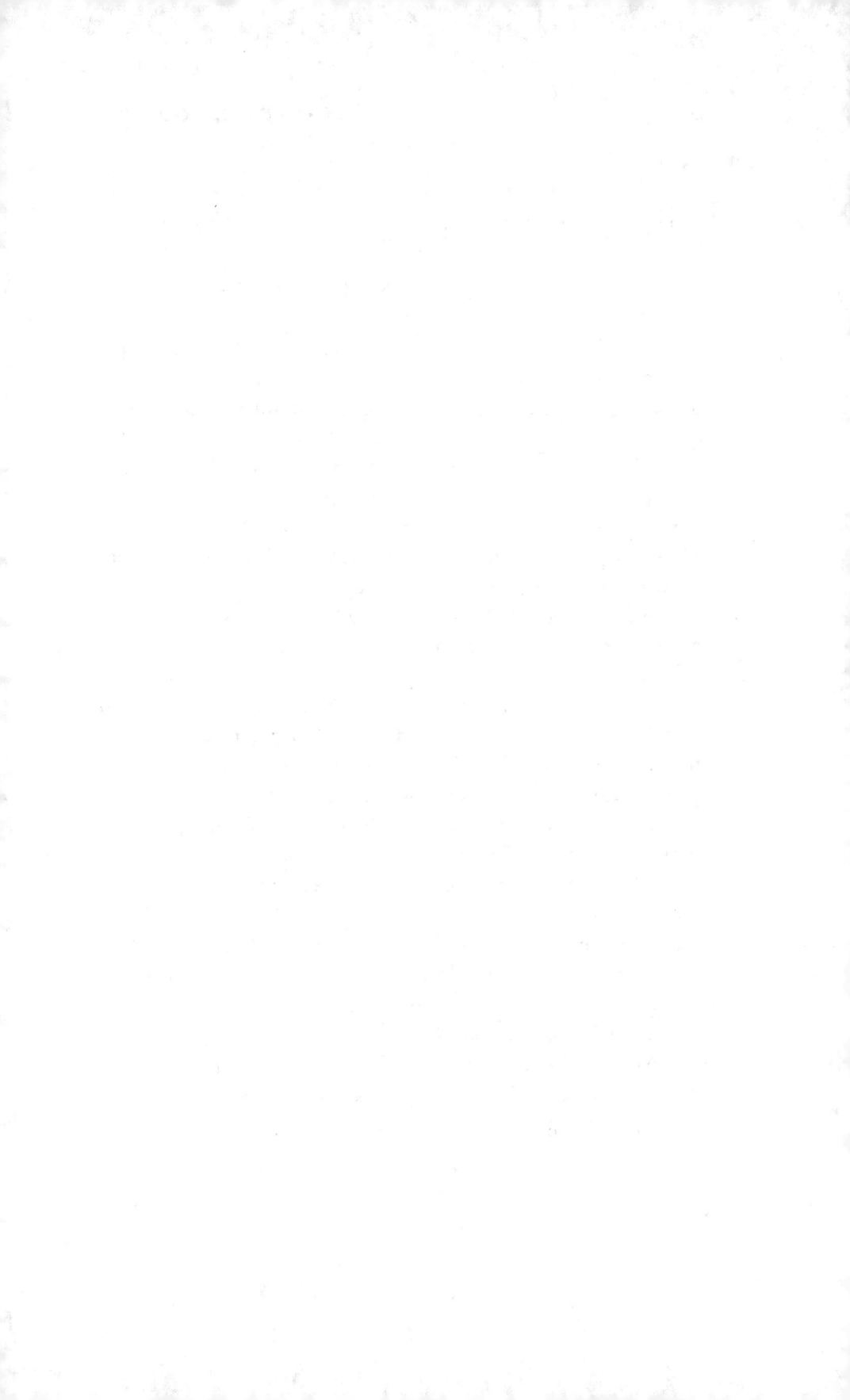

LA VIERGE ET L'ENFANT JÉSUS,

AVEC SAINT MICHEL ET D'AUTRES SAINTS.

Pierre Vanucci est plus connu sous le nom de Perugin, qui lui vient de Pérouse sa ville natale. La composition de ses tableaux est si peu variée qu'ils semblent quelquefois n'être qu'une copie du même sujet avec quelques variantes. On lui en fit des reproches de son vivant, et il répondait à cela que de cette manière du moins il ne volait rien à personne.

La figure de la Vierge assise dans le ciel et tenant l'enfant Jésus est pleine de grâce et de sentiment. La gloire de chérubins qui l'entoure et les deux anges qui, de chaque côté, sont en adoration, offrent une symétrie, que les peintres anciens ne cherchaient pas à éviter.

Le bas du tableau est occupé par quatre figures droites et placées aussi d'une manière trop symétrique : celle que l'on voit à gauche représente saint Michel armé, cuirassé et tenant un bouclier; au milieu se trouve sainte Catherine les mains jointes et sainte Apolline tenant dans sa main un tube à souffler le feu, pour rappeler qu'elle fut brûlée vive, lors des persécutions de Dioclétien. A gauche est saint Jean l'Évangéliste. Le peintre, au lieu de le représenter jeune, suivant l'usage, lui a donné une grande barbe; mais il est facile de le reconnaître par l'aigle qui est derrière lui.

Ce précieux tableau est peint sur bois, la couleur en est brillante et les têtes sont pleines de grâce. Il était autrefois dans l'église de Saint-Jean *in Monte*. En 1796, il fut apporté au Musée de Paris; il est maintenant dans celui de Bologne. Il a été gravé par G. Rosaspina.

Haut., 8 pieds, 4 p.; larg. 5 pieds, 11 p.

I. 4.   727.

THE VIRGIN AND INFANT JESUS,

WITH St. MICHAEL AND OTHER SAINTS.

Pietro Vanucci is better known by the name of Perugino, given to him from his native cite of Perouse. The compositions of his pictures offer such slight differences that they sometimes appear to be but mere copies of the same subjects with variations. Being reproached with this defect, he answered that thus at least he stole from no one.

The figure of the Virgin sitting in heaven and holding the Infant Jesus, is full of grace and sentiment. The glory of Cherubim surrounding her, and the two Angels, who, on each side, are in adoration, present a symmetry that the ancient painters did not seek to avoid.

The lower part of the picture is taken up by four upright figures, also placed in too symmetrical a manner : the one seen on the left represents St. Michael armed, covered with a breastplate, and holding a shield; in the middle is St. Catherine, with her hands joined, and St. Appollina holding in her hand a tube used to blow the fire; this is to recall that she was burnt alive, during the persecutions of Diocletian. On the left is St. John the Evangelist; the painter instead of representing him young, as is usual, has given him a bushy beard, but it is easy to distinguish that Saint by the eagle behind him.

This precious picture is painted on wood, its colouring is brilliant, and the heads are very graceful. It formerly was in the church of San Giovanni in Monte : in 1796, it was tranferred to the Paris Museum, it now is in that of Bologna. It has been engraved by G. Rosaspina.

Height, 8 feet 10 inches; width, 6 feet 3 ½ inches.

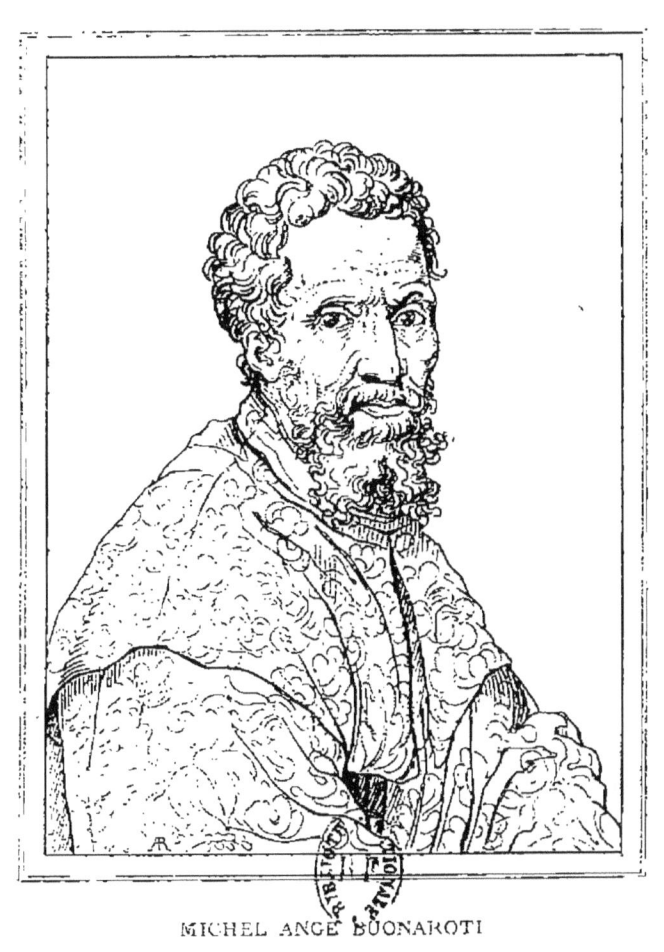

MICHEL ANGE BUONAROTI

XIX

NOTICE

HISTORIQUE ET CRITIQUE

SUR

MICHEL-ANGE BUONARROTI.

———

Si le nom de Michel-Ange n'est pas aussi répandu que celui de Raphaël, on ne doit pas croire cependant que cet artiste ait moins de mérite que le prince de la peinture ; on doit dire au contraire qu'il est un de ces esprits élevés à qui on a donné le nom de génie. On peut le comparer à Milton et au Dante : ainsi qu'eux il avait une âme forte, comme eux il fit des études profondes, ses inventions furent terribles, gigantesques, inimitables.

Michel-Ange Buonarroti naquit en 1474, au château de Caprèse, près d'Arezzo ; son père en était Podestà ; et descendait de l'illustre maison des comtes de Canosse. Il reçut l'éducation convenable à sa naissance, mais il montra des dispositions si extraordinaires pour l'étude des beaux-arts, que bientôt il obtint la permission de s'y livrer entièrement. A peine Michel-Ange fut-il dans l'atelier de Dominique Ghirlandaïo, que par sa supériorité il excita la jalousie. On pense même qu'afin de ne pas avoir un semblable rival à redouter, Ghirlandaïo dirigea son élève vers l'étude de la sculpture, contre le gré de Louis Buonarroti, père de Michel-Ange, qui croyait cet art moins digne de sa noblesse. Cependant il n'eut rien à regretter, puisque bientôt après son fils fut présenté à Laurent le Magnifique, comme pouvant devenir un bon statuaire. Le grand-

duc l'accueillit et l'admit à sa table avec Poliziano et les autres
savans qui ornaient sa cour.

Il est facile de concevoir combien Michel-Ange dut trouver
à orner son esprit à la cour de Florence. Il étudia la poésie
dans les ouvrages du Dante, la peinture d'après Masaccio dans
la chapelle *del Carmine*, la sculpture en voyant les statues antiques dont les jardins de Médicis étaient abondamment pour-
vues, et enfin l'anatomie avec l'aide du prieur du Saint-Esprit,
qui lui donna toute facilité pour avoir des sujets à disséquer.
Il attacha tant d'importance à cette étude, qu'il y consacra
douze années. Les connaissances qu'il acquit dans cette partie
déterminèrent le caractère de son style. Il projetait d'écrire
un traité sur les mouvemens humains, et sur les effets exté-
rieurs des os. Pour bien faire connaître le caractère distinctif
de son dessin, on peut dire qu'il est nerveux, musculeux et
robuste; ses raccourcis sont toujours des plus difficiles; ses
expressions pleines de noblesse et de vigueur, ses poses naturelles et faciles.

De semblables études ont été faites par beaucoup d'artistes,
qui ensuite se sont livrés exclusivement à l'exercice de l'un des
beaux-arts, et s'y sont élevés à un degré plus ou moins remarquable. Michel-Ange les exerça tous, et dans chacun d'eux on
le trouve sublime, dans chacun d'eux il fit un chef-d'œuvre.
Son Jugement dernier peint dans la chapelle Sixtine à Rome;
sa statue de Moïse pour le tombeau du pape Jules II; et la coupole de Saint-Pierre de Rome. Il fit aussi des poésies, conser-
vées dans la Bibliothèque du Vatican; il eût acquis sans doute
de la célébrité dans ce genre s'il eût voulu en faire autre
chose qu'un simple délassement.

La mort du grand-duc Laurent de Médicis enleva aux arts
leur Mécène; Pierre son fils en lui succédant n'hérita pas de
ses goûts, et on sera sans doute étonné de voir Michel-Ange
occupé tout un hiver à faire des statues de neige. Une révolu-

tion ayant forcé les Médicis à quitter Florence, Michel-Ange
crut prudent de se soustraire au ressentiment de leurs enne-
mis. Il fit un voyage à Venise, passa à Bologne, et revint à Florence trois ans après, en 1494. Il fit alors une statue de Cupi-
don endormie, qu'il envoya à Rome pour la faire enterrer
dans un endroit où l'on faisait des fouilles, ayant eu le soin de
conserver un des bras qu'il avait brisé, afin d'avoir une preuve
convaincante qu'il était auteur de cette sculpture. On ajoute
que lors de sa découverte elle fut présentée au cardinal Saint-
George, qui la prit pour une statue antique, et la paya environ
1000 francs. Cette anecdote, plus comique que probable, a été
répétée par plusieurs biographes ; mais elle n'en devient pas
plus vraisemblable. Si Michel-Ange eut copié une statue antique, sans doute il aurait pu l'imiter ; mais en créant une
figure, est-il probable qu'il ait adopté une manière différente de
celle que lui dictait son imagination. D'ailleurs une telle super-
cherie doit-elle se supposer dans un artiste du caractère de Michel-Ange ; s'il l'eût fait, n'aurait-il pas indisposé le cardinal,
tandis qu'au contraire on voit le statuaire florentin établi à
Rome dans sa maison et à sa table. C'est alors que Michel-Ange
fit sa statue de Bacchus, qui depuis fut transportée à Florence,
et son groupe de la Pitié, placé à Saint-Pierre dans la chapelle
du Crucifix.

Depuis cent ans il existait à Florence une ébauche informe
d'une statue colossale de plus de vingt pieds de haut : Michel
Ange entreprit de la terminer et en fit un David. Si elle n'est
pas généralement estimée, on peut dire que les défauts qu'on
lui trouve proviennent des coups de ciseau donnés maladroi-
tement par l'ancien sculpteur Simon de Fiesole.

Jules II étant monté en 1503 sur la chaire de Saint-Pierre,
voulut éterniser sa mémoire en laissant à la postérité un beau
monument ; il crut devoir confier ce soin au plus grand génie
de son siècle, et il appela à Rome Michel-Ange, alors âgé de

29 ans. Cet artiste, sculpteur et architecte à la fois, lui présenta bientôt le modèle du plus fastueux mausolée dont l'histoire fasse mention ; mais son exécution, suspendue pendant le pontificat même de Jules II, ne fut exécutée ensuite qu'avec de grandes modifications. C'est là que se trouve placée la célèbre statue de Moïse ; l'attitude en est simple, la figure est terrible, quelque chose de magique fait frissonner le spectateur et lui commande le respect ; il reconnaît dans cette statue un génie puissant et digne de maîtriser un peuple naturellement indocile.

C'est à l'occasion de ce monument, et pour le placer d'une manière convenable, que Michel-Ange proposa au pape de faire terminer la nouvelle église de Saint-Pierre, dont les constructions avaient été commencées par Bernard Rossellini, sous le pape Nicolas V. L'architecte Bramante, favori du pontife goûta cette idée ; mais craignant que les fonds vinssent à manquer pour l'une des deux entreprises, il représenta au pape que faire son tombeau de son vivant était de mauvais augure, et il en fit abandonner l'exécution. Michel-Ange crut voir qu'on cherchait à l'éloigner parce qu'un jour il ne put entrer dans la chambre du pape. Piqué de ce refus, il dit au camerier : *Quand sa sainteté m'enverra chercher, dites-lui que je n'y suis plus.* En effet, de retour chez lui, il donna ordre de vendre tous ses effets, et partit à l'instant pour Florence. A peine arrivé en Toscane, il reçut cinq courriers chargés de lettres très pressantes, et même d'ordres qui lui enjoignaient de retourner à Rome. Les prières et les menaces de l'impérieux pontife ne purent obtenir de l'inflexible artiste, autre chose qu'une lettre dans laquelle il priait le saint père de choisir un autre sculpteur. Pendant son séjour de trois mois à Florence, Jules II adressa au sénat trois brefs où il exigeait le renvoi de Michel-Ange à Rome. L'artiste craignant la colère du pape, se refusait à cette démarche, mais le gonfalonier Sodérini, le détermina enfin à retourner près du saint père avec le titre d'ambassadeur, pour lui donner toute sécurité.

Michel-Ange vint trouver le saint père à Bologne, dont il venait de s'emparer et lui témoigna des regrets de sa conduite. Le pape lui rendit ses bonnes grâces, et le chargea de faire en bronze sa statue, pour être placée sur l'église de Saint Pétrone. Allant en voir le modèle, le pontife ne put s'empêcher de remarquer l'air menaçant de la figure, et demanda si elle donnait des bénédictions ou des malédictions. — *Elle menace Bologne, et l'avertit de vous être fidèle*, reprit l'artiste. Mais les Bentivoglio furent à peine rentrés, que la statue fut brisée, et le métal acheté par Alphonse d'Este pour en faire une pièce d'artillerie qui fut nommée *la Julienne*.

Michel-Ange, revenu à Rome, Bramante craignit de voir reprendre les travaux du mausolée de Jules II, il engagea le pape à charger cet artiste de peindre à fresque la voute de la chapelle Sixtine. C'est à regret qu'en 1508 il abandonna la sculpture, pour laquelle il avait une prédilection particulière : il disait l'avoir sucée avec le lait de sa nourrice, qui était femme d'un sculpteur. Il se livra donc à la peinture, dans laquelle cependant il s'était déjà fait connaitre d'une manière avantageuse, lorsque vingt ans auparavant il fit ce fameux carton de la guerre de Pise. Le peintre, en retraçant ce trait récent de l'histoire de Florence, supposa que l'attaque des Florentins avait eut lieu dans un moment où la plupart des soldats Pisans se baignaient dans l'Arno. Cette fiction lui donna les moyens de faire voir sans vêtemens un nombre de soldats s'élançant du fleuve et s'habillant à la hâte pour courir à la défense de leurs concitoyens. Chacun avait admiré le génie de Michel-Ange dans ce tableau destiné à décorer la salle du sénat de Florence ; mais déjà il avait péri dans les révolutions que subit cette ville, lorsque Michel-Ange trouva une nouvelle occasion de faire connaitre la force de son talent dans la peinture de la

chapelle Sixtine. C'est là que l'on voit ces figures si majestueuses, si expressives des prophètes et des sibylles, dont la
manière est, selon Lomazzo, la meilleure que l'on puisse trouver dans le monde entier. En effet, l'imposante gravité des phy-
sionomies, la sévérité de leurs regards, l'effet neuf et tout-à-fait
grandiose des draperies, l'attitude de chaque figure, tout enfin
annonce des mortels inspirés, et par la bouche desquels la Divinité adresse la parole à l'homme. La figure d'Isaïe est, selon
Vasari, celle qui frappe le plus. Lorsqu'on examine sur les
murs de cette chapelle les peintures de Sandro Boticello et de
ses émules, puis qu'en élevant ses regards vers la voute on
voit les compositions de Michel-Ange, ce peintre semble planer
ainsi qu'un aigle au dessus de tous les autres. L'applaudisse-
ment universel que lui mérita ce superbe ouvrage le rendit
plus cher au pape, qui l'obligea à reprendre les travaux de
son mausolée. Trente ans plus tard, sous le pontificat de
Paul VII, Michel - Ange exécuta le projet, formé dès lors, de
peindre également à fresque le mur du fond de la même chapelle; c'est là qu'il fit ce Jugement dernier, si étonnant et si
remarquable sous tous les rapports. Aucune autre scène ne se
présentait mieux à un génie aussi vaste et aussi savant, rien assurément ne pouvait mieux convenir à une imagination aussi
tragique, que le jour terrible où Dieu juge tous les hommes
et sépare les bons d'avec les méchans. On peut cependant s'é-
tonner de voir que, comme le Dante, il ait introduit des personnages mythologiques dans un sujet sacré, et des nudités
absolues dans une peinture placée dans une église. Michel-
Ange eut encore à peindre dans la suite la chapelle Pauline,
où il représenta le Crucifiement de saint Pierre, et la Conversion de saint Paul; puis, il peignit aussi un tableau de Léda,
qui vint à Fontainebleau sous Louis XIII, et a été détruit.

La mort de Jules II, arrivée en 1513, au lieu d'être un motif pour terminer son tombeau, vint l'interrompre de nouveau.

Le pape Léon X, de la famille des Médicis, voulut faire jouir
la ville de Florence des talens d'un de ses enfans; il chargea
notre artiste de construire l'église de Saint-Laurent. Le modèle en fut fait, les constructions commencées; puis, la mort
de Léon X vint suspendre ces travaux en 1521. Michel-Ange
alors s'occupa encore du mausolée de Jules II; puis commença, par ordre de Clément VII, la Bibliothèque Laurentienne, et la sacristie de l'église de Saint-Laurent, où le pape
voulait faire placer les mausolées de ses ancêtres.

Voulons-nous maintenant considérer Michel-Ange Buonarroti comme architecte, en rappelant qu'il construisit à Florence la Bibliothèque Laurentienne, l'église de Saint-Laurent,
et la chapelle des Strozzi, nous aurons à dire qu'il fit à Rome
le capitole, le palais Farnèse, le collége de la Sapience, l'église
de Sainte-Marie-Majeure, la porte Pie et plusieurs autres; puis
enfin cette célèbre et magnifique coupole de Saint-Pierre,
monument digne, à lui seul, de répandre le plus grand lustre
sur l'artiste qui eut le génie de créer une si belle chose, et
l'audace de construire un monument aussi vaste.

Après avoir parcouru une carrière longue et active, Buonarroti, tourmenté par la gravelle, éprouva une fièvre lente qui le
conduisit au tombeau. Il mourut en 1564, âgé de plus de 90
ans. Enterré provisoirement dans l'église des Saints-Apôtres,
on devait plus tard lui élever un tombeau dans la basilique de
Saint-Pierre; mais Florence, qui avait toujours revendiqué la
possession de son concitoyen pendant sa vie, voulut conserver
ses dépouilles mortelles. Le grand-duc le fit déterrer et enlever secrètement, puis, transporté à Florence, son corps y fut
reçu et inhumé avec des honneurs infinis; un pompeux cata-
falque fut dressé dans l'église de Saint-Laurent; plus tard, un
monument durable fut élevé dans l'église de Sainte-Croix; le
grand-duc fourni tous les marbres nécessaires à ce tombeau;
Vasari fit le buste de son maître, et trois autres élèves firent les
statues de la Peinture, de la Sculpture et de l'Architecture.

De mœurs simples mais d'un caractère rude, Michel-Ange eut toujours du mépris pour les richesses et pour les agrémens de la vie; souvent il ne mangeait que du pain, dormait tout habillé, travaillait beaucoup et se promenait seul. Aimé des grands, il fuyait leur société; il eut cependant des amis parmi ses élèves, qui furent nombreux, et dont nous citerons Pierre Urbano, Antoine Mini, Ascagne Condivi, Filippi, Marc de Pino Castelli, Gaspard Bacura; puis surtout Fra-Bartholomeo de Saint-Marc, Marcel Venusti, Rosso, Daniel Ricciarelli, Baptiste Franco, Jules Clovio, Jacques Pontorme, François Salviati, et George Vasari. Michel-Ange eut aussi beaucoup d'amitié pour Urbain, son serviteur, long-temps attaché à lui. Un jour il lui disait : « Quand je serai mort, que feras - tu, mon cher Urbain? — Hélas, il faudra bien que je serve ailleurs. — Je ne le souffrirai pas; je ne veux pas que tu aies d'autre maître; » en effet il lui donna dix mille francs, mais ce legs fut inutile. Michel-Ange eut la douleur de survivre à son domestique, et c'est lui qui le soigna pendant sa dernière maladie.

La vie de Michel - Ange Buonarroti a été publiée plusieurs fois : d'abord par Vasari et Condivi, en italien; l'abbé de Hauchecorne en a donné une traduction en français, et Richard Duppa en composa une en anglais.

Landon a publié les Œuvres de Michel-Ange en 2 volumes; il serait inutile de dire le nombre de ses compositions, puisqu'il s'en trouve plusieurs d'une si grande dimension, qu'elles peuvent chacune équivaloir à vingt ou trente tableaux. George, Adam et Diane Ghisi ont beaucoup gravé d'après lui; les autres graveurs qui ont publié ses compositions sont Marc-Antoine Raimondi, Augustin Musis, Jules Bonasone, Chérubin Alberti, Æné Vico, Beatricet, Cavalleriis et Corneille Cort.

HISTORICAL AND CRITICAL
NOTICE

OF

MICHAEL ANGELO BUONARROTI.

———

If the name of Michael Angelo is not so generally spread as that of Raphael, still it must not be thought that he has less merit than the Prince of Painting : it may, on the contrary, be said, that he belongs to that class of lofty minds to whom the name of genius has been given. He may be compared to Milton and Dante : like them, he had an aspiring soul; like them, he studied deeply, and his inventions were terrible, gigantic, and inimitable.

Michael Angelo Buonarroti was born in 1474, in the Castle of Caprese, near Arezzo, of which, his father, a descendant of the illustrious house of the Counts of Canossa, was Podestà. He received an education suitable to his birth, but he displayed such an extraordinary inclination for the study of the Fine Arts, that he soon obtained permission to give himself up wholly to them. Scarcely was Michael Angelo in the Study of Domenico Ghirlandai than his superiority excited jealousy. It is even believed that Ghirlandai, dreading such a rival, turned his pupil's thoughts to the study of Sculpture, against the inclination of Lodovico Buonarroti, Michael Angelo's father, who considered this art as less compatible with his nobility. He had however nothing to regret; for, soon afterwards, his son was presented to Lorenzo the Magnificent, as one who was

likely to become a good statuary. He was welcomed by the
Grand Duke who admitted him at his table, with Poliziano and
the other literati that adorned his court.

It is easy to conceive how much Michael Angelo must have
found, as the Court of Florence, to enrich his mind. He studied Poetry, in the works of Dante: Painting, after Masaccio,
in the Chapel Del Carmine; Sculpture, by seeing the antique
statues with which the gardens of the Medici were so amply
provided; and Anatomy, through the assistance of the Prior
Del Santo Spirito, who gave him every facility to procure subjects for dissection. He attached so great an importance to this
study, that he consecrated ten years to it, and the knowledge he
acquired, in this branch, determined the character of his style.
He intended writing a treatise on the action of the human
frame and on the outward effects of the bones. To describe
correctly the distinguishing character of his design, it may be
said to be strong, muscular, and robust : his foreshortenings
are always exceedingly difficult; his expressions are forcible,
and full of grandeur; and his attitudes, natural and easy.

Similar studies have been followed by many artists, who have
afterwards given themselves up exclusively to the exercise of
some one of the Fine Arts, reaching a degree of excellence more
or less remarkable, but Michael Angelo practised them all;
in each, he proved himself sublime, in each, he achieved a
masterpiece : — His Last Judgment painted in the Ca;.elia Sistina at Rome, his statue of Moses for the tomb of pope Julius II, and the Cupola of St. Peter's at Rome. He also wrote
some poetry, preserved in the Vatican Library, and he would
have acquired celebrity in that class had he sought for any
thing in it, but mere relaxation.

The death of the Grand Duke Lorenzo de Medici deprived
the Arts of their Mecænas : Peter, his son, in succeeding him,
did not inherit his taste; and it will no doubt excite astonish-

ment to find Michael Angelo occupied, during a whole winter, in making statues of snow. A revolution forcing the Medici to quit Florence, Michael Angelo thought it prudent to screen himself from the resentment of their enemies. He went to Venice and to Bologna; and, in 1494, returned to Florence, after an absence of three years. He then did a statue of Cupid Asleep, which he sent to Rome, to have it hidden in a spot, where excavations were being carried on : he had taken care to preserve an arm, that he had broken off, to have a convincing proof of his being the author of this statue. It is added that when discovered, it was presented to Cardinal St. George, who, considering it an antique, purchased it for about 1000 franks, or L. 40. This anecdote, more humoursome than true, has been related by several biographers, but it does not for that, acquire the more likelihood. If Michael Angelo had copied an antique statue, no doubt he could have imitated it; but, creating a figure, could he have adopted a manner different, from that dictated by his own imagination? Besides can such a deception be supposed, in an artist of Michael Angelo's stamp; by such a trick, would he not have irritated the Cardinal against him, whilst on the contrary we find the Florentine Statuary established in his house and sitting at his table. It was at that period, Michael Angelo did his statue of Bacchus, which was afterwards transferred to Florence, and his group of Pity, placed at St. Peter's, in the chapel of the Crucifix.

There existed in Florence, since a hundred years, a rough and formless sketch of a colossean statue, upwards of twenty feet high : Michael Angelo undertook to finish it, and made his David. If not generally admired, the defects found in it arise from the chisel strokes, unskilfully given by the former sculptor, Simon di Fiesde.

Julius II. having ascended the Pontifical Chair, in 1503, wished to perpetuate his own memory by bequeathing to pos-

terity a beautiful monument : he determined to intrust this
care to the greatest genius of the age, and invited to Rome
Michael Angelo, who was then 29 years old. This artist, both a
sculptor and an architect, soon presented him the model of
the most pompous Mausoleum mentioned in history : but the
execution of it was suspended, even during the Pontificate of
Julius II, and was afterwards finished, although with great
modifications. It is there that is placed the famous statue of
Moses : its attitude is simple, the figure is awful, something
magical makes the beholder shudder and commands his respect : he discovers in this statue a powerful genius capable of
governing a nation, naturally untractable.

It was relatively to this monument, and for the placing of it
in a suitable manner, that Michael Angelo proposed to the
Pope to finish the Church of St. Peter's, the building of
which had been begun by Bernardo Rossellini, under Pope
Nicholas V. The Architect Bramante, a favourite of the Pontiff,
was pleased with the idea, but fearing lest the funds should
fail for either of the undertakings, he represented to the Pope,
that it was a bad omen to have his tomb constructed during his
lifetime; and thus induced him to abandon the execution of it.
Michael Angelo thought there was an intention to set him aside,
as he one day could not gain admission to the Pope's chamber.
Irritated at this denial, he said to the Groom of the Chamber,
« When his Holiness sends for me, tell him I am gone. » In fact
on his return home, he gave orders for the selling of his effects,
and immediately set off for Florence. He was scarcely arrived
in Tuscany, than five messengers brought him very pressing
letters, and even orders, enjoining him to return to Rome. The
requests and threats of the haughty Pontiff gained nothing
over the unbending artist, but a letter, in which he prayed his
Holiness to chuse another Sculptor. During an abode of three
months in Florence, Julius II addressed three briefs to the
Senate, wherein he exacted, that Michael Angelo should be

sent to Rome. The Artist, dreading the Pope's anger, would not
yield to this step, but the Gonfaloniere Soderini, at length induced him to return to the Pope, invested with the title of am-
bassador, to insure him every security.

Bologna had just been taken possession of by the Pope; Michael Angelo joined his Holiness there, and testified regret for
his conduct. The Pope took him again into favour, and commissioned him to make his statue in bronze, to be placed on the
church of St. Petronius. On going to see the model, his Holiness could not help remarking the threatening aspect of the
figure, and asked if it was bestowing blessings or curses:— « It
threatens Bologna, and warns it to be faithful to you. » But the
Bentivoglios were scarcely returned, than the statue was brok-
en, and the metal purchased by Alphonso d'Este, to cast
with it a piece of artillery, called the Juliana.

Michael Angelo being returned to Rome, and Bramante fearing
to see him resume working at the Mausoleum of Julius II, the
latter gained over the Pope to commission the artist to paint in
Fresco the vaulted ceiling of the Sistine Chapel. Obliged therefore, in 1508, to abandon Sculpture, for which he had a peculiar predilection, that he said he had sucked with the milk
of his nurse, the wife of a Sculptor, he gave himself up to
Painting, wherein he had however already shown off very
advantageously, having, twenty years before, executed the famous Cartoon of the Pisan War. The painter, in representing
that recent feature of the history of Florence, supposed that
the attack of the Florentines took place whilst the greater part
of the Pisan soldiers were bathing in the Arno. This fiction
enabled him to display a number of naked soldiers springing
from the river and dressing themselves hastily to run to the
assistance of their fellow citizens. Every one had admired the
genius of Michael Angelo, in this picture, intended to decorate
the Senate Hall of Florence; but it had already been destroyed
in the changes undergone by this city, when Michael Angelo

found another opportunity of showing the strength of his talent in painting the Sistine Chapel. It is there that are seen
those majestic and expressive figures of the Sybils, the style
of which, according to Lomazzo, is the best that can be found
in the whole world. Indeed, the commanding gravity of the
countenances, the sternness of their looks, the novel and
grand effect of the draperies, in fine, the attitude of each figure, all announces inspired mortals, by the mouths of whom,
the Divinity addresses its word to Man. The figure of Isaiah,
according to Vasari, is that which strikes most. When the beholder examines upon the walls of this Chapel, the paintings of
Sandro Boticello and his rivals, and then, raising his eyes to
the vaulted ceiling, he sees the compositions of Michael Angelo, this painter seems to soar like an eagle above all the
others. The general applause gained by this magnificent work
endeared him still more to the Pope, who obliged him to resume the labours of his Mausoleum. Under the Pontificate of
Paul VII, Michael Angelo accomplished the project formed
thirty years before of also painting in Fresco the wall at the
farther end of the same Chapel : it was there that he did his
Last Judgment, so astonishing, and so remarkable, in every
respect. No scene could be better adapted to so profound, to
so learned a genius; nothing assuredly could better suit so
vast a mind, as the dreadful day when God judges all men, se-
parating the good from the bad. Yet, it is astonishing to find
that like Dante, he has, in a sacred subject, introduced mythological personages, and absolute nudities, in a painting placed
in a Church. Michael Angelo also had subsequently to paint
the Pauline Chapel, where he represented the Crucifixion of
St. Peter, and the Conversion of St. Paul : he afterwards painted a picture of Leda, which came to Fontainebleau under
Lewis XIII and has been destroyed.

The death of Julius II, which happened in 1513, instead of
becoming a motive for his tomb to be finished, caused the work·

ing at it to be interrupted anew. Pope Leo X, a Medici, wishing that the city of Florence should enjoy the talents of one
of its children, ordered Michael Angelo to build the church of
San Lorenzo. The model was made and the building begun,
when the death of Leo X interrupted the works, in 1521. Michael Angelo then occupied himself again about the Mausoleum of Julius II, and began, by order of Clement VII, the
Laurentine Library, and the Sacristy of the Church of San
Lorenzo, where the Pope wished the Mausoleums of his Ancestors to be placed.

If we now wish to consider Michael Angelo Buonarroti as an
Architect, we must recal that at Florence, he constructed the
Laurentine Library, the Church of San Lorenzo and the Chapel of the Strozzi; that at Rome, he constructed the Capitol,
the Palazzo Farnese, the College of the Sapienza, the Church
of Santa Maria Maggiore, the Porta Pia, besides several others;
and finally, the famous and magnificent Cupola of St. Peter's, a
monument sufficient of itself to spread the greatest lustre over
the artist who could have the genius to create so beautiful a
thing, and the boldness to construct so vast a monument.

After having gone through a long and active career, Buonarroti, tormented by the stone, suffered from a slow fever,
which took him to his grave. He died in 1564, aged upwards
of 90 years. He was temporarily buried in the Church of the
Santi Apostoli, and a tomb was subsequently to be raised in
the Basilica of St. Peter; but, Florence, that had always claim-
ed the possession of her citizen, during his lifetime, wished
to possess his mortal remains. The Grand Duke caused him to
be secretly disinterred and carried off : he was afterwards
transferred to Florence, and his body was received and buried
with the greatest honours. A magnificent catafalco was raised
in the Church of San Lorenzo, and later, a lasting monument
was constructed in the Church of Santa Croce, the Grand
Duke furnishing all the marbles requisite for this tomb : Va-

sari did the bust of his master, and three other pupils did the statues of Painting, Sculpture, and Architecture.

Michael Angelo was plain in his manners and of a rough disposition, contemning riches and the pleasures of life : he often eat bread only, slept in his clothes, worked much and walked in solitude. Beloved by the great, he fled their society : still he had friends among his pupils, who were numerous, and amongst which we shall mention, Pietro Urbano, Antonio Mini, Ascanio Condivi, Filippi, Marco di Pino Castelli, Gaspardo Bacura; and particularly Fra Bartolomeo di San Marco, Marcello Venusti, Rosso, Daniele da Volterra, Battista Franco, Giulio Clovio, Giacomo Pontorme, Francesco Salviati, and Giorgio Vasari. Michael Angelo also bore much friendship towards Urbano, his servant, who was attached to him from a long time. He one day said to him «When I shall be dead, what wilt thou do, my dear Urbano ? — Alas, I shall be obliged to serve another master ! — I cannot allow that : you must have no other master;» and in fact he bequeathed him ten thousand franks, about L. 400. But this legacy became useless, as Michael Angelo had the grief of surviving his domestic, and it was he, who tended him in his last illness.

The Life of Michael Angelo Buonarroti has been published several times : first in Italian by Vasari and Condivi, of which the Abbé de Hauchecorne has given a French translation; and Richard Duppa composed one in English.

Landon has published the Works of Michael Angelo in 2 volumes : it would be useless to enumerate his compositions, as there are several of such large dimensions that any one of them would be equivalent to twenty or thirty pictures. George, Adam, and Diana Ghisi, have engraved considerably after him : the other engravers who have published his compotions are, Marc Antonio, Raimondi, Agostino Musis, Giulio Bonasone, Cherubino Alberti, Enea Vico, Beatricet, Cavalleriiset, and Cornelius Cort.

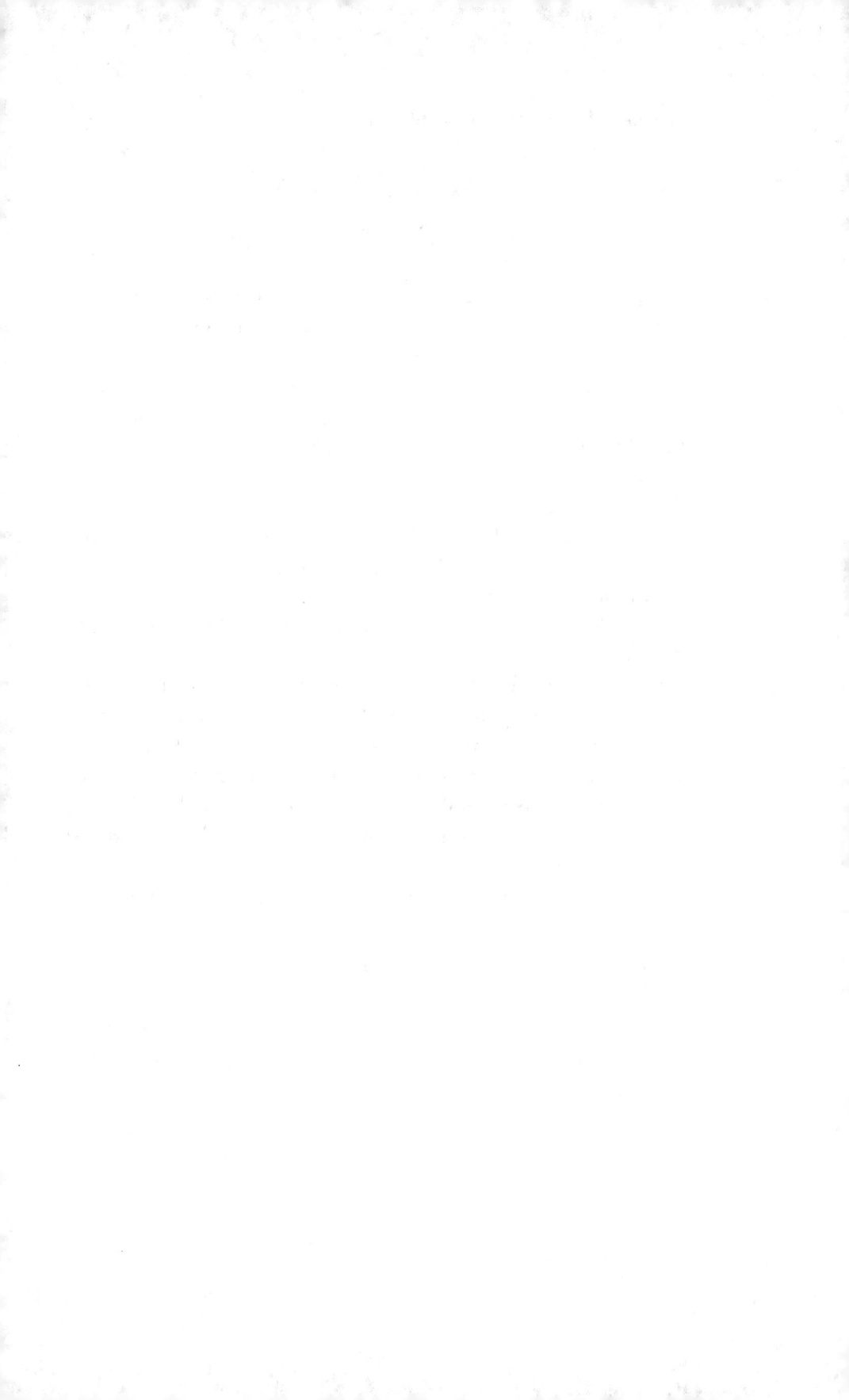

DIEU CRÉANT ADAM.

Lorsque Dieu eut créé la terre et les animaux qui l'habitent, il dit ensuite : « Faisons l'homme à notre image et à notre ressemblance, et qu'il domine sur les poissons de la mer, sur les oiseaux du ciel, sur les bêtes domestiques, sur toute la terre, et sur tous les reptiles qui rampent sur la terre. Dieu créa donc l'homme à son image.... Le seigneur Dieu forma l'homme de la poussière de la terre ; il répandit sur son visage un souffle de vie, et l'homme devint vivant et animé. »

Michel-Ange a placé la figure d'Adam au moment où, animée par la volonté de Dieu, elle va se lever et marcher. Le peintre ne pouvait représenter le souffle de Dieu, il y a suppléé par un geste indicateur dont il est facile de sentir le motif.

Cette composition se trouve dans un des compartimens de la voûte de la chapelle Sixtine. Au milieu de la voûte se voit la création d'Ève, donnée précédemment sous le n°. 499. La création d'Adam est placée dans le compartiment d'à côté, vers le fond. Dans celui qui le précède du côté de la porte d'entrée, on voit la chute d'Adam et d'Ève que l'on trouvera sous le n°. 943.

Cette composition a été gravée en 1772, par Dominique Cunego.

Larg., 3o pieds ? haut., 1o pieds ?

9o8.

꒰◦꒱

THE CREATION OF ADAM.

Having created the earth and the inferiors tribes that inhabit it, God said · « Let us make man in our image, after our likeness ; and let them have dominion over the fish of the sea, and over the fowl of the air, and over the cattle, and over all the earth, and over every creeping thing that creepeth upon the earth.. So God created man in his own image.. And God formed man of the dust of the ground, and breathed into his nostrils the breath of life ; and man became a living spirit. »

Michael Angelo has represented Adam at the moment when, animated by the will of the Almighty, he is about to rise and walk. As it was impossible to paint « the breath of life », he has conveyed the idea by a gesture, the force of which is easily understood.

This composition is in the arched cieling of the Sixtine chapel. The creation of Eve (see n°. 499), occupies the central compartment ; in that adjoining, in the rear, is this piece ; and in the next, towards the door, is the fall of Adam and Eve, which will be sketched, n°. 943.

This picture was engraved in 1772, by Domenicho Cunego. Width, 31 feet 10 inches ? height, 10 feet 7 inches ?

908.

CRÉATION D'ÈVE.

Michel-Ange Buonarotti pinx.

139

CRÉATION D'ÈVE.

Dieu, après avoir créé l'homme à son image, voulut lui donner une compagne. Adam, ayant éprouvé un profond sommeil, Dieu, pendant ce temps, tira Ève de son côté et la présenta à Adam, qui dit en la voyant : « Voilà maintenant l'os de mes os et la chair de ma chair. »

Combien cette composition est remarquable par sa simplicité ! quelle idée avantageuse elle donne du talent de Michel-Ange ! La figure d'Adam est belle et dans un abandon parfait, ainsi que cela est naturel pendant un sommeil calme. La figure d'Ève est pleine de grâce et d'expression. « Ce ne sont point, dit Taillassas, les grâces d'une race dégénéré, ce sont celles de l'épouse du premier des hommes ; celles de ce modèle parfait de la force et de la beauté de son sexe, qui n'a souffert encore aucune altération, et qui est pur comme la main de Dieu qui la créa. » Son premier besoin est de rendre hommage à la Divinité qui vient de la tirer du néant. Quant à la figure de Dieu, rien n'est plus sublime et plus noble : il est impossible de mieux donner une idée de la toute-puissance du créateur, qui, d'un mot, d'un geste, a tout tiré du néant.

Cette peinture à fresque est une de celles qui décorent la chapelle Sixtine dans le palais du Vatican. Elle a été gravée en 1772 par Antoine Capellan.

Larg., 14 pieds? haut., 10 pieds?

➤•⑨•◄

THE CREATION OF EVE.

God, having created man after his own image, determined to give him a companion. A deep sleep falling upon Adam, God, in the mean time, drew Eve from his side and presented her to Adam, who, seeing her, said : « This is now bone of my bones, and flesh of my flesh. »

How remarkable is this composition for its simplicity! What a grand idea it gives of the talent of Michael Angelo! The figure of Adam is beautiful and in that state of perfect stillness, so natural during a calm sleep. The figure of Eve is full of grace and expression : scarcely created, her first need is to pay homage to the Divinity, who has just drawn her from naught. As to the figure of God, nothing can be more sublime : it is impossible to give better, an idea of the almighty power of the Creator, who, with a word, a sign, formed the world from nothing.

This Fresco Painting is one of those that adorn the Capella Sistina, in the Vatican Palace. It was engraved, in 1772, by Anthony Capellan.

Width, 14 feet 10 inches? height, 10 feet 7 inches?

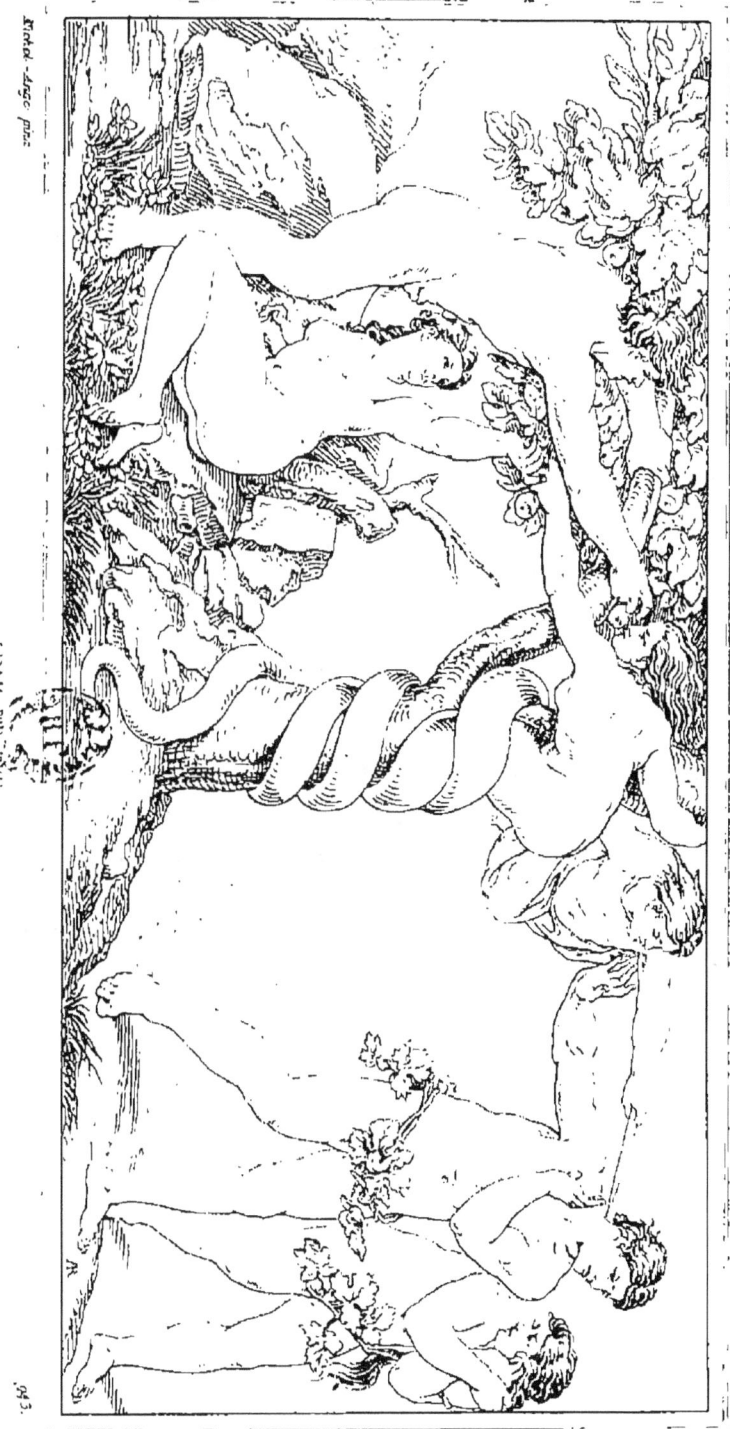

Michel Ange pinx

ADAM ET EVE.

203.

ADAM ET ÈVE.

Au milieu de la voûte de la chapelle Sixtine, il existe un plafond divisé en quatre grands compartimens. C'est dans le second de ces compartimens, en entrant, que se trouve peint le double sujet que l'on voit représenté ici.

Au milieu de la composition est placé l'arbre de la science du bien et du mal, autour duquel est entortillé l'esprit malin sous la forme d'un serpent à tête humaine. Ève est assise à gauche, tendant la main pour prendre la pomme que lui cueille le démon. Adam, debout près d'elle, en prend une lui-même sur l'arbre, ce qui n'est pas absolument conforme au texte de la Bible, où il est dit : « La femme considéra donc que le fruit de cet arbre paraissait bon à manger, et qu'il était beau et agréable à la vue; en ayant pris elle en mangea et en donna à son mari qui était avec elle, et il en mangea aussi. »

Du côté droit on retrouve Adam et Ève ayant mis autour d'eux une ceinture de feuillage, pour cacher leur nudité. L'ange exterminateur les chasse du Paradis terrestre, où Dieu ne leur permit pas de rester après leur désobéissance.

Cette composition, peinte à fresque, par Michel-Ange, a été gravée en 1772, par Capellan.

Larg. 30 pieds ? haut. 10 pieds?

943.

ADAM AND EVE.

In the midst of the vaulted roof of the Sixtine chapel, there is a ceiling divided into four large compartments, in the second of which, on entering, is found the two-fold subject, which is here represented. In the midst of the composition, the tree of knowledge of good and evil, is seen, around which, is twisted the Evil spirit, under the form of a serpent with a human head

Eve seated on the left, is holding out her hand to receive the apple which the Devil gathers for her; Adam standing-near her, takes one from the same tree, a circumstance not altogether warranted by the text in the Bible where it is said. « The woman then considered that the fruit of this tree appeared good to eat, and that it was fine and pleasing to the sight, and having taken of it, she did eat, and gave unto her husband, and he did eat also. »

On the right side: Adam and Eve are again discovered wearing a girdle of leaves to conceal their nakedness, and the destroying angel drives them from the terrestrial Paradise, where they are no longer permitted to remain, after their disobedience.

This composition painted in fresco, by Michael Angelo, has been engraved by

Breadth 31 feet 10 inches; height 10 feet 7 inches.

943.

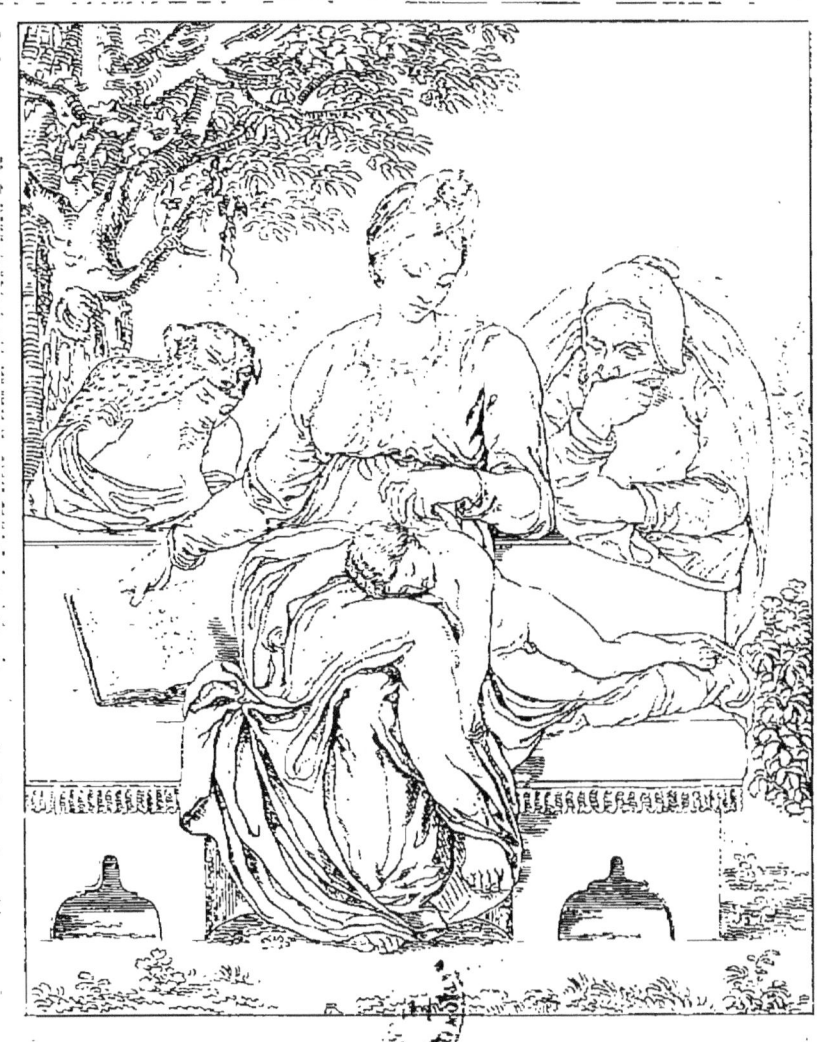

STᵉ FAMILLE

SAINTE FAMILLE.

En examinant avec soin cette Sainte Famille, il est facile de se convaincre que la composition est de Michel-Ange Buonarroti ; mais la peinture est-elle de sa main ? Plusieurs raisons en font douter.

On sait que ce grand maître peignit rarément à l'huile, et ce tableau se trouve répété plusieurs fois avec des changemens dans les accessoires. Il en existe un dans la galerie du Belvédère à Vienne. Un autre se voyait autrefois dans la galerie du Palais-Royal, il passa dans la possession de Henry Hope ; fut vendu à sa vente en 1816, et porté depuis en Allemagne. Un troisième peint sur marbre avait été fait pour le marquis Ganucci de Florence : il resta long-temps dans cette famille, puis vint en Angleterre, où il est maintenant dans le cabinet de M. George Fairholme.

On peut raisonnablement penser que Michel-Ange fit seulement le dessin de cette Sainte-Famille, et que plusieurs personnes lui ayant demandé d'en avoir la peinture, quelques-uns de ses élèves en firent un objet d'étude, sous les yeux de leur maître.

Ce tableau n'en est pas moins précieux, il est peint avec grand soin et parfaitement conservé. Il a été gravé, en 1571, par Jules Bonasone, et aussi avec quelques différences par d'autres graveurs italiens de cette même époque.

Haut., 1 pieds 4 pouces ; larg., 10 pouces.

❦

THE HOLY FAMILY.

When this Holy Family is carefully examined it is easy to be convinced, that the composition is Michael Angelo Buonarroti's; but is the painting from his hand? Several reasons excite doubts respecting it.

It is known that this great master seldom painted in oil, and this picture is often found repeated with deviations in the accessories. There exists a repetition of it in the Belvedere Gallery at Vienna. Another was formerly in the Gallery of the Palais-Royal: it got into the possession of Henry Hope, was sold at his sale in 1816, and afterwards was taken to Germany. A third painted on marble was done for the Marchese Ganucci of Florence: it remained a long time in that family, but subsequently found its way to England, where it now is in M^r. George Fairholme's Collection.

It may reasonably be supposed that Michael Angelo only did the design of this Holy Family, and that several persons having requested from him a painting after it, some of his pupils made it an object of study under their master's directions.

This picture is not the less precious for this circumstance, it is very carefully painted and in high preservation. It was engraved, in 1671, by Giulio Bonasone, and also with some deviations by other Italian engravers of that same period.

Height 17 inches; width, 10 ¼ inches.

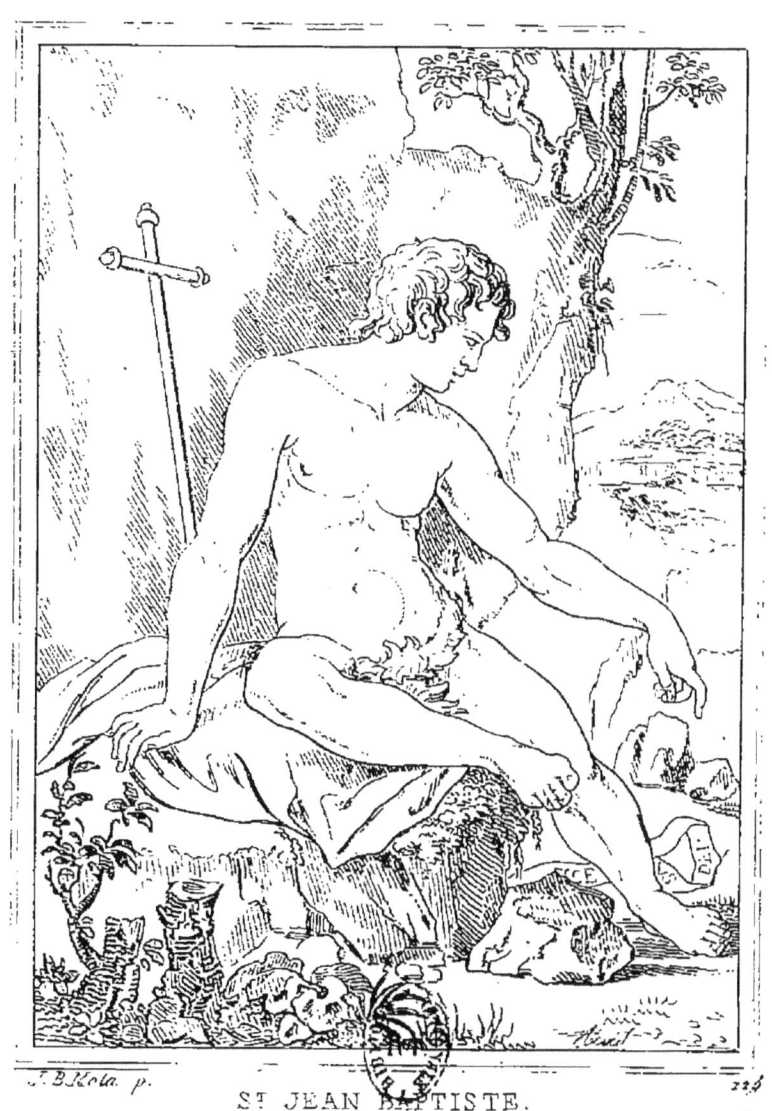

ST JEAN BAPTISTE.

➤●◆

SAINT JEAN-BAPTISTE.

Déja deux fois, sous les nᵒˢ 91 et 98, nous avons donné saint Jean-Baptiste prêchant : l'un est de Raphaël, l'autre est de Guido Reni ; nous en donnons cette fois un autre que l'on attri bue sans raison à Michel-Ange Buonarotti, et que nous croyons plutôt de Jean-Baptiste Mola. Dans chacun de ces tableaux, saint Jean est assis sur un rocher ; mais dans celui-ci la figure a moins de mouvement, la pose est plus simple. Cependant le geste de la main gauche indique sans aucun doute que le saint précurseur cherche à persuader à ceux qui l'écoutent que le Christ, le fils de Dieu, annoncé par les prophètes, est enfin parmi eux.

La jeunesse de la figure et sa nudité seraient déja des caractères suffisans pour faire connaître saint Jean-Baptiste, s'il ne se trouvait encore près de lui la croix et la banderole sur laquelle on aperçoit en partie ces mots : *Ecce Agnus Dei.*

Ce petit tableau a été gravé à l'eau-forte par Prenner.

Haut., 1 pied 3 pouces ; larg., 9 pouces.

⋙◆⋘

SAINT JOHN THE BAPTIST.

We have before twice given, in n°s 91 and 98, St. John the Baptist preaching; one by Raffaelle, the other by Guido Reni. We now present another, attributed to Michael-Angelo Buonarotti, though we rather think it, by John Baptist Mola. In each of those pictures, St. John is seated on a rock; but in this, the figure has less action, and the attitude, is more simple. However, the motion of the left hand, evidently indicates, that the holy precursor is seeking to persuade his hearers, that Christ, the son of God, foretold by the prophets, is at length among them.

The youthfulness and nudity of the figure would alone suffice to characterise St. John the Baptist, even were there not seen, near him, the cross and the label, on which are partly visible these words : *Ecce Agnus Dei.*

There is an etching of this little picture by Prenner.

Height, 16 inches; breadth, 9 ½ inches.

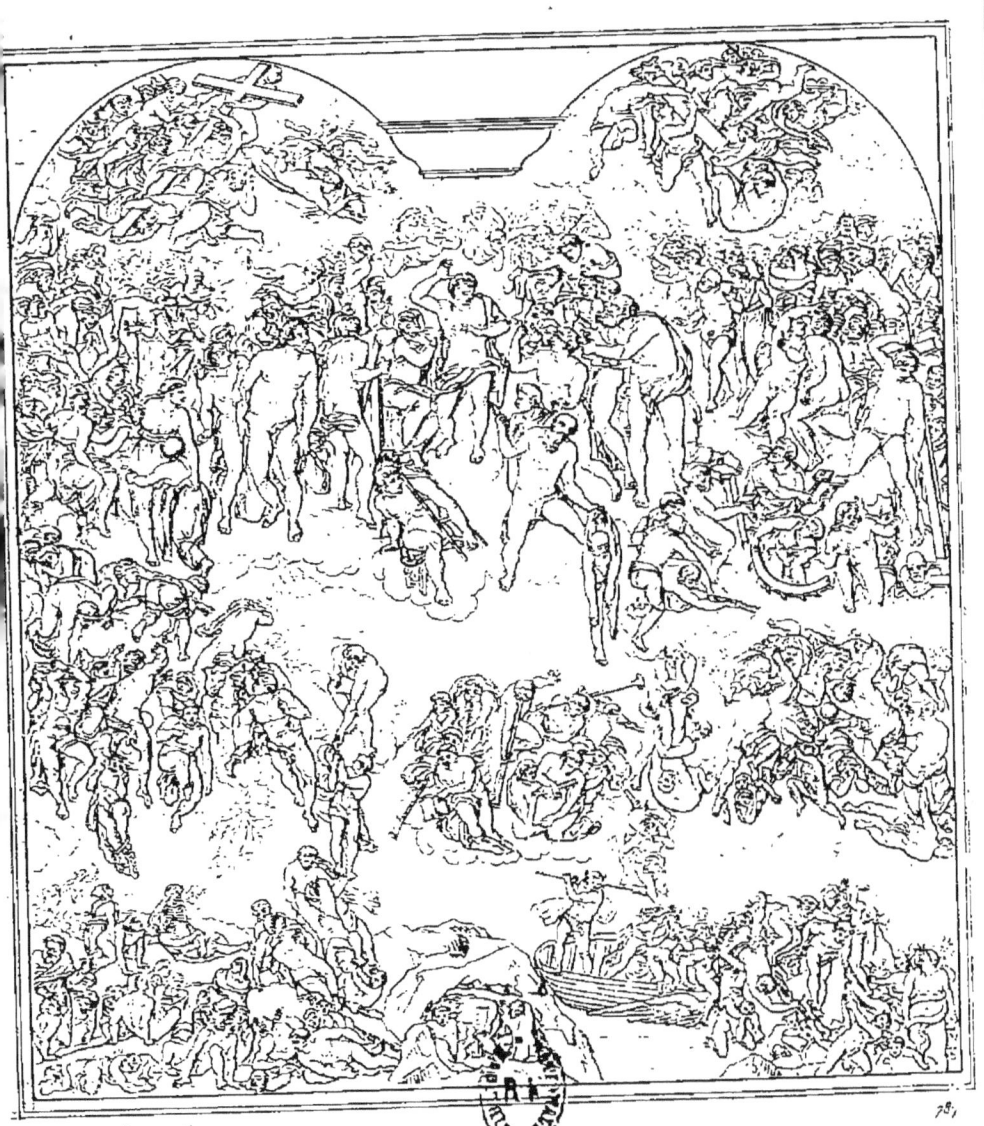

Michel Ange Buonarotti p.

LE JUGEMENT DERNIER

LE JUGEMENT DERNIER.

A l'imitation du Dante, Michel-Ange a entremêlé dans cette vaste composition les croyances chrétiennes avec des idées mythologiques. Ainsi, près de Jésus-Christ se trouvent la Vierge et les Apôtres, parmi lesquels on remarque saint Barthélemi, qui fut écorché vif et que le peintre a représenté tenant sa peau à la main; puis dans le bas du tableau il a placé Caron frappant avec sa rame sur une foule de réprouvés. L'un deux a le corps entouré d'un serpent qui le ronge; c'est, dit-on, le portrait de Blaise Casena, maître des cérémonies du pape. Michel-Ange ayant su qu'il avait dit que, par la nudité des figures, cette composition conviendrait mieux dans un lieu de débauche que dans un lieu saint, il voulut le punir de ce propos, et, comme ses mœurs n'avaient pas la pureté que réclamait son état, il le plaça parmi les réprouvés. Casena, offensé de se voir figurer ainsi, s'en plaignit amèrement au souverain pontife, lui demandant d'employer son autorité pour exiger du peintre le changement de cette figure; mais Paul III se contenta de lui répondre que s'il se fût trouvé dans le purgatoire, ses prières auraient pu l'en faire sortir, mais qu'il devait savoir que le crédit du Pape ne pouvait aller jusqu'à retirer de l'enfer ceux qui s'y trouvaient.

Cette immense composition tient tout le fond de la chapelle Sixtine, elle fut peinte à fresque, entre les années 1534 et 1541. Il en existe une petite gravure par Martin Rota, d'autres par L. Gauthier; Marc Kartarus; Séb. Fulcarus, Jean Wierings; Nicolas della Casa et George Ghisi l'on aussi gravée en plusieurs feuilles.

Haut., 30 pieds? larg., 20 pieds?

787.

THE LAST JUDGMENT.

Michael Angelo, in imitation of Dante, has, in this vast composition, interwoven the christian belief with mythological ideas. Thus, near Jesus Christ are the Virgin and the Apostles, amongst whom S^t. Bartholomew is seen who was flayed alive, the painter has represented him holding his skin in his hand; in the lower part of the picture, he has placed Charon, striking with his oar at a crowd of the reprobate. One of these has his body intwined by a serpent knawing him : this is said to be the portrait of Blaise Casena, master of the ceremonies to the Pope. Michael Angelo being informed that Casena had said, that from the nudity of the figures, the composition would better suit a place of ill-fame, than a holy abode, wished to punish him for these words: and as his morals were not as pure as required by his calling, he placed him among the damned. Casena offended at seeing himself thus figuring complained bitterly to the Sovereign Pontiff, requesting him to use his authority to oblige the painter to alter the figure. But Pope Paul III merely replied, that had Casena been in purgatory, his prayers might have got him out, but that he must know his influence did not go so far as to withdraw from hell those who chanced to be there.

This immense composition takes up the whole of the farther end of the Sistine chapel : it was painted in fresco, between the years 1534 and 1541. There exists a small print of it by Martin Rota; and another in sheets by Nicholas della Casa, and George Ghisi.

Height, 31 feet 10 inches; width? 21 feet 3 inches ?

787.

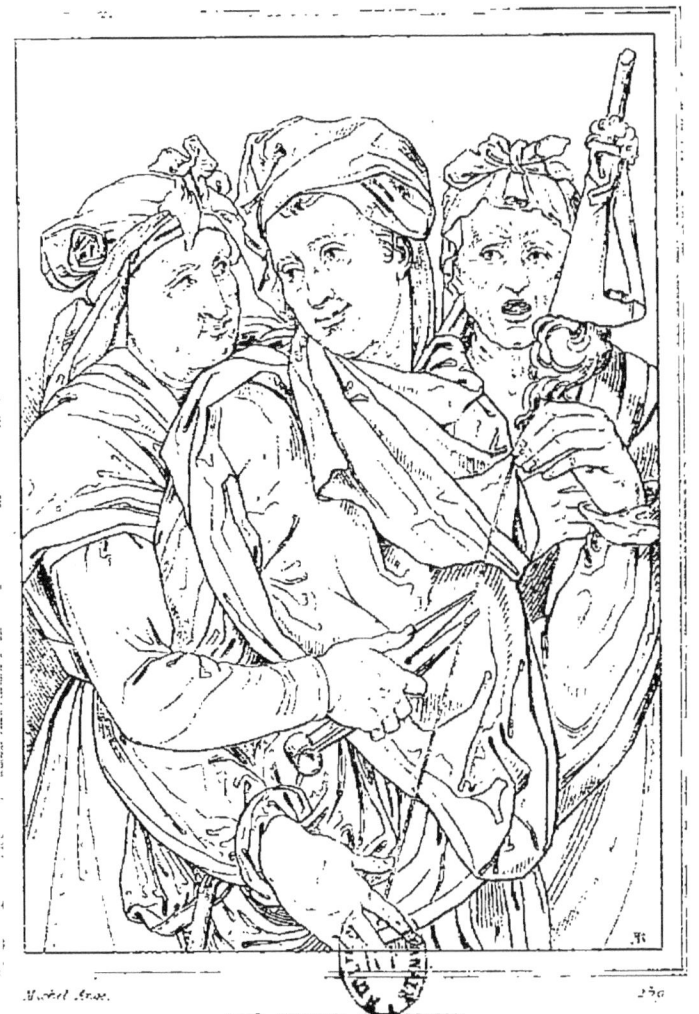

LES TROIS PARQUES.

LES TROIS PARQUES.

Il n'est pas d'artiste qui ait eu des talens aussi variés et aussi transcendans que Michel-Ange Buonarotti, puisqu'il s'est également distingué dans la peinture, la sculpture et l'architecture. Les connaissances anatomiques, que peut-être il a voulu montrer trop souvent, l'ont souvent fait regarder comme maniéré, mais cependant rien n'est plus juste que son dessin.

On en peut trouver une preuve dans le tableau des trois Parques, dont les têtes sont d'une expression frappante; les plus petits détails sont étudiés et rendus avec une finesse et une délicatesse vraiment admirables. Il en est de même des draperies, où les plis sont suivis avec un soin particulier; peut-être seulement y a-t-il un peu d'affectation dans la précision avec laquelle ils semblent accuser la forme des muscles qu'ils recouvrent.

Au lieu de donner à ses Parques des figures de vieilles femmes, Michel-Ange eût mieux fait sans doute de suivre l'usage des anciens qui les représentaient jeunes et belles; mais à la grace il a préféré une sévérité qui se remarque aussi dans la couleur de ce tableau.

Les petits tableaux de Michel-Ange sont de la plus grande rareté, et celui-ci est un des morceaux les plus précieux de la galerie de Florence. Il a été gravé par Marais.

Haut., 2 pieds 6 pouces; larg.; 2 pieds.

THE THREE FATES.

There is no other artist who had talent so varied and trans-
cendant and Michael-Angelo Buonarotti, because he distinguished himself equally in painting, sculpture and architecture.
His anatomical knowledge, which perhaps he was fond of
showing too often, have made him regarded as a mannerist,
but yet nothing can be more correct than his drawing.

. There is a proof of it in this picture of the three Fates, the
heads of which are most strikingly expressive; the smallest
details have been studied and given with a talent and delicacy
truly admirable. It is the same with the draperies, the folds of
which are followed with peculiar care, perhaps there may be
a little affectation in the precision with which they show the
form of the muscles they cover.

Instead of giving the Fates the forms of old women, Michael-Angelo has done better unquestionably by following the
custom of the ancients, who represented them young and beautiful; but he has preferred severity to grace, which is also
evident in the colour of the picture.

These cabinet productions of Michael-Angelo are of the
greatest rarity, and the present is one of the most precious
jewels in the gallery of Florence. It has been engraved by
Marais.

Height, 2 feet 7 inches; breadth, 2 feet 1 inch.

Michel Ange Buonarotti pinx.

FLORENTINS ATTAQUÉS PAR LES PISANS

FLORENTINS

ATTAQUÉS PAR LES PISANS.

Cette grande et magnifique composition de Michel-Ange Buonarroti, est connue sous le nom de *Carton de Pise*, parce qu'elle représente une des actions qui eurent lieu dans le xve. siècle, lors de la guerre entre les républiques de Florence et de Pise.

Michel-Ange fit ce sujet pour décorer une des faces de la grande salle du palais ducal à Florence. Il a supposé que des Florentins se baignant dans l'Arno, y sont surpris par l'apparition de soldats pisans. Ils regagnent à la hâte les bords du fleuve, et s'habillent précipitamment pour courir à la défense de leur ville. Au moyen de cette fiction, le peintre a pu sans inconvenance présenter des figures nues, dans des poses variées, et dans des mouvemens qui font bien connaître ses grandes connaissances anatomiques. Le carton original de cette peinture n'existe plus depuis long-temps, on assure même que sa destruction est due à la jalousie de Baccio Bandinelli, qui, sculpteur comme Michel-Ange, ne put cependant, de même que ce maître, réussir à faire quelque chose de mérite en peinture. Vasari ayant fait faire une copie à l'huile du carton de Pise, il ne reste rien autre, pour donner l'idée de cette composition entière, dont plusieurs fragmens ont été gravés par Marc-Antoine et Augustin-Vénitien.

Cette copie peinte sur bois, en 1542, par Bastien de San-Gallo, était à Rome dans le palais Barberini. Portée en Angleterre, par lord Leceister, elle fait maintenant partie du cabinet de Thomas-Guillaume Coke. Elle a été gravée par L. Schiavonetti.

Larg., 4 pieds; haut., 2 pieds 4 pouces.

541.

THE FLORENTINES
ATTACKED BY THE PISANS.

This grand and magnificent composition, by Michael Angelo Buonarroti, is known by the name of the *Cartoon of Pisa,* from its representing an event which occurred in the xv. century, during the war between Florence and Pisa.

Michael Angelo painted this subject to decorate one of the sides of the grand hall of the Duke's palace at Florence. The Florentines are supposed to have been bathing in the Arno, and surprised by the appearance of the Pisan soldiers, immediately come ashore, and dress themselves in the utmost haste, to run to the assistance of their city. Through the means of this fiction, the painter was enabled to represent, without incongruity, naked figures, in various attitudes and actions, thus displaying to advantage his extraordinary knowledge of anatomy. The original Cartoon of this painting no longer exists, and that since a long time : it is even asserted that its destruction was due to the jealousy of Baccio Bandinelli, who, himself a sculptor like Michael Angelo, could not however succeed, as the latter master, in producing any thing worthy of note, in painting. Vasari having had a copy in oil taken of the Cartoon of Pisa there remains nothing else to give an idea of the whole of this composition, several fragments of which have been engraved by Marc-Antonio and Agostino Veneziano.

This copy, painted upon wood, in 1542, by Bastiano di San Gallo, was in the Palazzo Barbarini. Having been taken to England by Lord Leicester, it now forms part of the Collection of Thomas William Coke Esqr. It has been engraved by L. Schiavonetti.

Width, 4 feet 3 inches ; height, 2 feet 6 inches.

541.

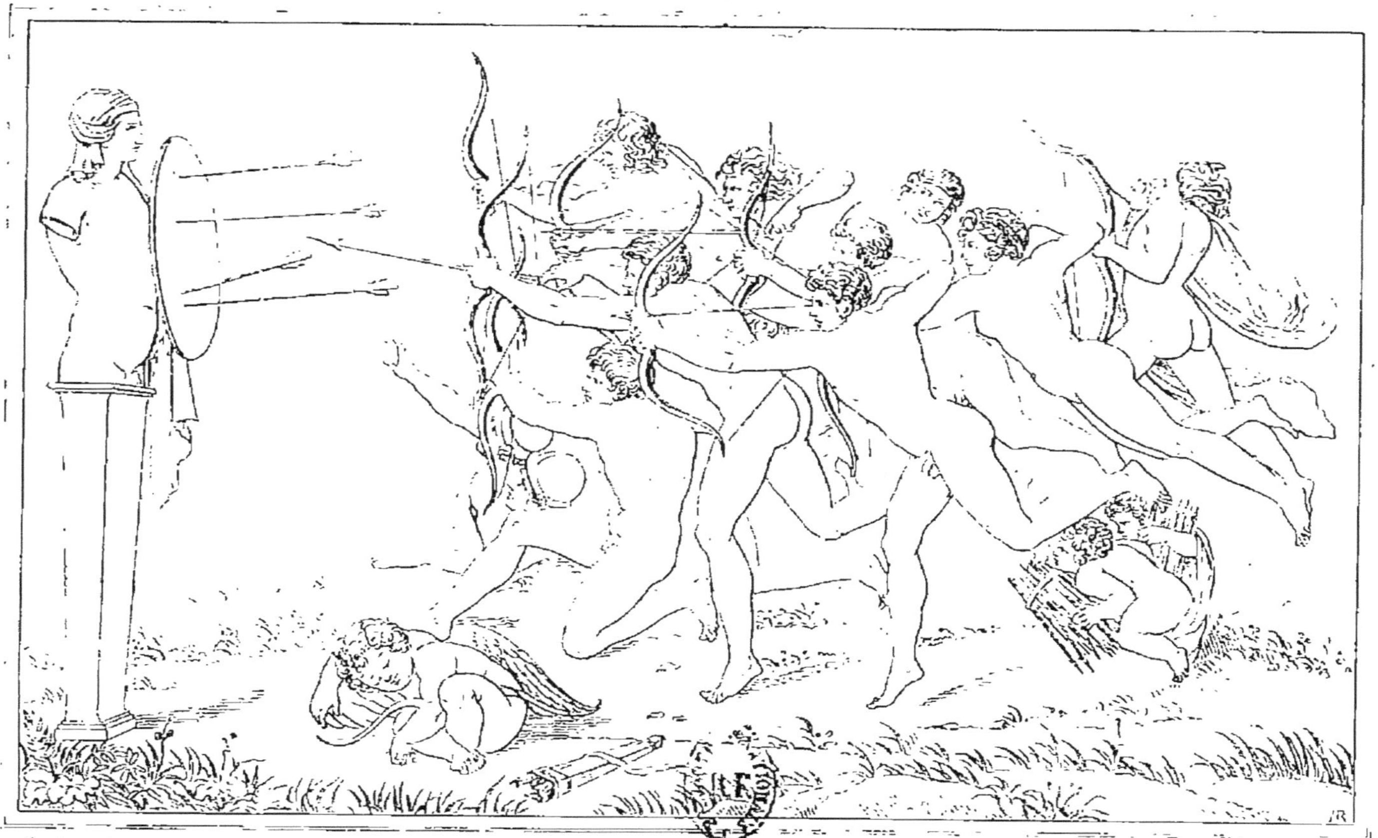

LES VICES ASSIÉGEANT LA VERTU

LES VICES ASSIÉGEANT LA VERTU.

C'est dans la maison de Raphaël que se trouve cette composition allégorique, dont l'invention est attribuée à Michel-Ange Buonarroti. Quant à la peinture, faite à fresque, quelques personnes prétendent qu'elle est de la main de Raphaël lui-même, mais c'est douteux; il est plus naturel de penser qu'elle est de l'un de ses élèves, qui a donné à plusieurs têtes des caractères dignes du maître.

Tout en admirant la hardiesse des poses et l'énergie du dessin, il est permis sans doute de s'étonner que la Vertu soit représentée sous la figure d'un homme, et que rien ne retienne le bouclier impénétrable dont elle est abritée. Ces légères inconvenances sont rachetées par les idées les plus ingénieuses. Le peintre nous fait voir que la Vertu triomphe, tandis que l'Amour est endormi; puis, pendant son sommeil, de petits génies s'empressent de brûler les traits des Vices. Il est bon de remarquer aussi que l'audace et la vigueur des Vices semblent diminuer en approchant de la Vertu; les plus avancés même, voyant l'inutilité de leurs traits, paraissent attérés et cherchent à s'excuser de la violence d'une attaque dont ils semblent reconnaître l'inutilité. Le dessin original de Michel-Ange se trouve dans la collection de Brera, au Musée de Milan, il est de la plus grande beauté et très-bien conservé.

On connaît cette pièce sous le nom des *tireurs d'arc*, elle a été gravée par Beatricet; une lithographie en a été faite par M. A. Maurin, d'après le dessin de Gagneraux.

625.

VIRTUE ASSAILED BY THE VICES.

This allegorical composition, the invention of which is attributed to Michael Angelo Buonarroti, exists in Raphael's house. As to the painting, which is in fresco, several persons pretend that it is from Raphael's own hand, but this is doubtful; and it is more natural to suppose it by one of his pupils who has characterized several of the heads in a manner worthy of the master's pencil.

Although admiring the boldness of the attitudes and the firmness of the drawing, we must be allowed to express our astonishment that Virtue should be represented under the figure of a man, and that nothing supports the impenetrable shield defending her. These slight contradictions are redeemed by the most ingenious ideas. The painter shows us Virtue triumphing, whilst Cupid is slumbering : during his sleep some little genii hasten to burn the darts of the Vices. It is right also to remark that the boldness and vigour of the Vices diminish as they approach Virtue : and the nearer ones seeing the inutility of their darts, seem dejected and appear to abate from the violence of an attack which they discover to be useless. The original design, by Michael Angelo, is in the Brera Collection of the Milan Museum : it is of the greatest beauty and in high preservation.

This production is known by the name of the Archers : it has been engraved by Beatricet : a lithographic print exists of it by M. A. Maurin, after a drawing by M. Gagneraux.

625.

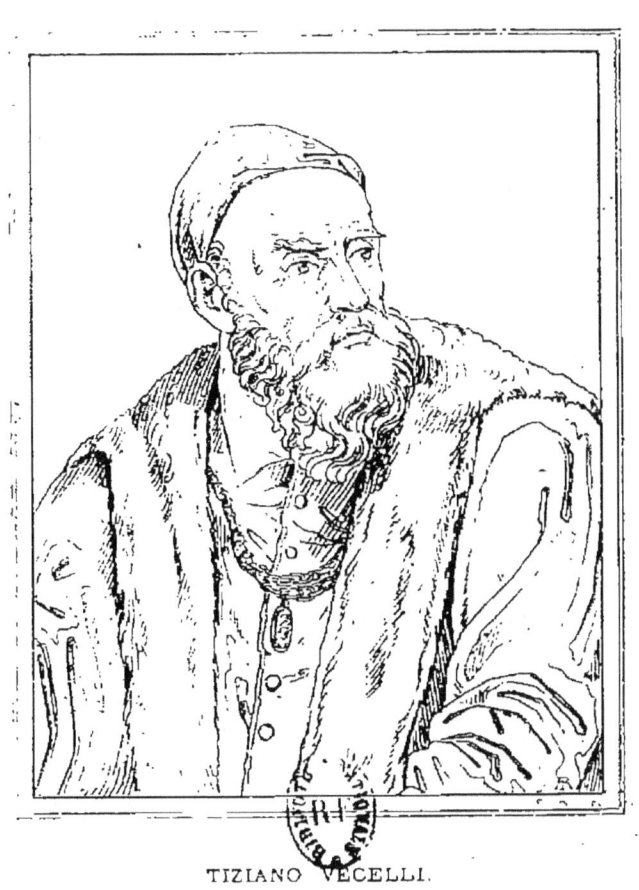

TIZIANO VECELLI.

XXVIII

NOTICE

HISTORIQUE ET CRITIQUE

SUR

TIZIANO VECELLI dit TITIEN.

———

Chef de l'école vénitienne, le nom de Titien se trouve placé sur la même ligne que ceux de Raphaël, de Corrége et de Léonard de Vinci; s'il n'est pas, ainsi qu'eux, créateur d'école, comme eux du moins il s'éleva si haut qu'il effaça la gloire de Gentil et Jean Bellini, ses maîtres. Tiziano Vecelli naquit en 1477, à Piave de Cadore, d'une famille noble. L'un de ses ancêtres, évêque d'Oderzo, a été canonisé sous le nom de saint Tiziano. Dès l'âge de dix ans, Titien fut envoyé à Venise et placé chez Sébastien Zuccato, faiseur de mosaïques; mais, sentant bientôt la médiocrité de son maître, il entra dans l'atelier de Bellini. Le peu d'empressement qu'il mit alors à imiter la manière sèche de ses modèles, le fit mal juger par son maître, qui lui déclara que jamais il ne serait qu'un barbouilleur. Titien, sans être ébranlé par cette condamnation, s'éloigna de l'école de Bellini, mais il continua à prendre des conseils de Giorgion, son condisciple. Il étudia aussi les ouvrages de quelques peintres flamands, nouvellement arrivés à Venise, et dont les ouvrages se faisaient remarquer par un coloris vrai et brillant. Titien sans doute s'était déjà fait connaître par quelques tableaux, lorsqu'en 1505 il fut chargé, concurremment avec Giorgion, de peindre à fresque l'extérieur du nouveau *magasin des Allemands*. La façade principale fut donnée à Giorgion déjà connu par plusieurs fresques;

XXVIII

mais Titien, dans le Triomphe de Judith, se montra tellement supérieur à son compétiteur, que, dès cet instant, sa réputation prit un grand développement. Immédiatement après ce travail, il peignit, pour l'église de Saint-Nicolas-des-Frères à Venise, un grand tableau d'autel représentant l'Assomption de la Vierge, ouvrage des plus remarquables, principalement sous le rapport de l'éclatante lumière qui y est répandue. Appelé ensuite à Vicence et à Padoue, sa réputation s'accroissait toujours, et le sénat vénitien jeta les yeux sur lui pour terminer les peintures commencées, dans la salle du conseil, par Bellini. Si un incendie n'eût détruit ce bâtiment en 1577, on pourrait trouver, dans un de ces tableaux, des portraits authentiques de Ferdinand de Cordoue, de Bembo, de Sannazar, de l'Arioste, de Navagero et de Joconde.

Titien reçut alors du sénat un titre équivalent à celui de premier peintre, dont l'une des prérogatives était de faire le portrait de chaque nouveau doge, travail pour lequel il recevait huit écus. Le duc de Ferrare, Alphonse d'Est, ayant chargé Titien de décorer une des pièces de son palais, il fit ces fameuses Bacchanales qui depuis passèrent à Rome, où elles furent admirées, étudiées et copiées par Poussin, Barocci, du Quesnoy, Albane et Rubens, et dont la perte causa tant de regrets au Dominiquin, lorsque le cardinal Ludovisi les vendit au roi d'Espagne.

Titien refusa successivement les offres de Léon X et de François Ier., qui l'engageaient l'un et l'autre à quitter sa patrie, et continua à décorer différens monumens de Venise. C'est alors qu'il fit, pour l'église Saint-Roch, une Annonciation de la Vierge; pour celle de Saint-Nicolas, un saint Sébastien, maintenant au palais Quirinal à Rome; pour celle de Saint-Jean et Saint-Paul, ce magnifique et célèbre tableau de Saint-Pierre martyr, regardé avec raison comme l'un des chefs-d'œuvre de la peinture. C'est aussi vers cette époque qu'il fit le tableau des pèlerins d'Emmaüs, maintenant au Louvre.

En 1529, Titien fut appelé à Bologne pour faire le portrait

de l'empereur Charles V, qui posa trois fois pour lui et le combla d'honneurs. Dans ses promenades, l'empereur lui laissait habituellement la droite, disant à ses courtisans : « Je puis bien faire un duc, mais je ne saurais faire un peintre comme Titien. »

C'est principalement dans le genre du portrait que Titien s'est élevé au plus haut degré, et qu'il occupe la première place, ou du moins qu'il la partage avec Van Dyck. Les portraits du peintre flamand plaisent peut-être davantage, ceux du peintre vénitien ont quelque chose de plus imposant. La plupart de ces portraits représentent des personnages puissans ou célèbres par leur génie. On doit citer principalement ceux des papes Jules II, Clément VII, Alexandre VI et Paul III; des cardinaux de Médicis et Pierre de Bembo; de François Ier., roi de France, et Philippe II, roi d'Espagne; de l'empereur Soliman; de Ferdinand d'Alvaro, duc d'Albe; ceux des ducs de Saxe, de Savoie et de Milan; ceux des doges Lando, Trevisano, Gritti, Grimani et André Doria; les portraits d'Ignace de Loyola et de saint Louis de Gonzague; puis ceux de Bocace, Arétin et Luther. Il fit aussi beaucoup de portraits de femmes, et son talent y est encore plus remarquable et plus extraordinaire.

En 1545, Titien fit le voyage de Rome, il y vit Michel-Ange, mais Raphaël n'existait plus. Pendant l'année qu'il résida dans cette capitale des arts, il peignit cette célèbre Danaé, maintenant à Naples, et dont on a plusieurs répétitions. Avant de retourner à Venise, notre grand peintre voulut visiter Florence; mais il ne reçut pas des Médicis l'accueil qu'il devait attendre d'une famille qui avait montré tant de goût pour les arts.

Arrivé à l'âge de soixante-dix ans, Titien n'avait rien perdu de son talent : il alla en 1550 à Ausgbourg, où le manda l'empereur, puis vint avec lui à Inspruck. C'est là qu'il fit un tableau allégorique du plus brillant effet; on y voit la Vierge et les Saints priant la Trinité d'agréer les hommages de la famille impériale qui occupe le bas du tableau. Le sénat de Venise voulait aussi que Titien se chargeât de prendre part aux embellissemens de la chambre du conseil; mais il s'en excusa et fit agréer à sa place Jacques Robusti, Paul Caliari et son fils Horace Vecelli. Quant à lui il peignit pour l'empereur plusieurs tableaux, parmi lesquels on doit remarquer Diane et Actéon, Persée et Andromède, Jason et Médée, Pan et Syrinx, Vénus et Adonis. Ces chefs-d'œuvre sont maintenant au palais de l'Escurial.

Des chagrins vinrent assaillir Titien dans sa vieillesse : il vit périr dans la même année Charles V, son protecteur; l'Aretin, qu'il aimait; la fille d'un de ses amis, à qui il prenait l'intérêt le plus tendre; enfin il vit Pomponius, l'un de ses fils, déshonorer son nom et son caractère sacerdotal par les débauches les plus horribles. Cherchant à se distraire en reprenant le travail, il peignit vers 1560 le Martyre de saint Laurent, pour Venise; la Flagellation de Jésus-Christ, maintenant à Lisbonne; une Madeleine, dont on connaît trois répétitions à Venise, deux à Florence et une à l'Escurial. Il termina aussi une Cène commencée sept années auparavant et que lui-même regarda comme son meilleur ouvrage.

Titien, âgé de plus de quatre-vingts ans, fut encore chargé de peindre trois tableaux pour l'hôtel-de-ville de Brescia, il continuait même à travailler, lorsqu'en 1576 une maladie contagieuse se déclara à Venise et vint enlever notre peintre à l'âge de quatre-vingt-dix-neuf ans.

C'est principalement à Venise que sont les plus beaux tableaux de Titien. Il s'en trouve cependant aussi un grand nombre au Musée de Madrid et au palais de l'Escurial. La plupart de ceux-ci sont peu connus, n'ayant jamais été gravés. On peut porter à plus de 450 le nombre des compositions ou portraits peints par cet artiste.

HISTORICAL AND CRITICAL

NOTICE

OF

TIZIANO VECELLI, CALLED TITIAN.

As chief of the Venetian School, Titian's name ranks parallel with those of Raphael, of Coreggio, and of Leonardo Da Vinci. If like them, he is not the founder of a School, he has at least risen so high as to outstrip the fame of his masters, Gentili and Giovanni Bellini. Tiziano Vecelli was born, in 1477, at Piave in Cadore, of a noble family. One of his ancestors, the Bishop of Oderzo, was canonized, under the name of S^t. Tiziano. At the early age of ten years, Titian was sent to Venice, and put under Sebastiano Zuccati, a worker in mosaics; but soon perceiving his master's mediocrity, he became a pupil in Bellini's atelier. The little eagerness he then displayed in imitating the dry manner of his models, induced his master to judge of him erroneously, declaring to him that he never would be but a dauber. Titian without being dismayed at this condemnation, left Bellini's School, but continued taking advice from Giorgione, a fellow student. He also studied the works of some of the Flemish Painters, lately arrived at Venice, and whose style was remarkable for a faithful and brilliant colouring. No doubt Titian was previously known by some of his pictures, when, in 1505, he was commissioned, jointly with Giorgione, to paint, in fresco, the exterior of the *New Building of the Germans*. The principal front was allotted to

XXVIII

Giorgione, already in repute by several frescoes. But Titian,
in the Triumph of Judith, showed himself so superior to his
competitor, that, from that moment, his fame extended afar.
Immediately after that performance, he painted for the
Church of San Nicolo-dei-Frati at Venice, a grand altar-
piece representing the Virgin's Assumption a most remarkable performance, principally with respect to the brilliant
light spread over it. Being afterwards invited to Vicenza and
Padua, his fame continued to increase, and the Venetian
Senate chose him to finish the paintings began by Bellini, in
the Council Hall. Had not a conflagration destroyed the
building, in 1577, we should find in one of those pictures,
authentic portraits of Ferdinando di Cordova, of Bembo,
of Sannazaro, of Ariosto, of Navagero, and of Giocondo.

The Senate then conferred on Titian a title equivalent to
that of First Painter, one of whose prerogatives was to paint
the portrait of every new Doge, a work for which he was
paid eight scudi. The Duke of Ferrara, Alfonso d'Este, having commissioned Titian to decorate one of the apartments
of his Palace, he executed the famous Bacchanalia, which
afterwards went to Rome, where they were admired, studied, and copied, by Poussin, Baroccio, Du Quesnoy,
Albani, and Rubens; and the loss of which occasioned Domi-
nichino so much regret, when the Cardinal Ludovisi sold
them to the King of Spain.

Titian refused the offers of Leo X, and of Francis I., who
both wished him to leave his native country, and he continued to adorn the various public buildings of Venice. He
did, for the church of San Rocco, an Annunciation of
the Virgin, for that of San Nicolo, a St. Sebastian, now in
the Quirinal Palace at Rome; for that of San Giovanni e San
Paolo, the magnificent picture of St. Peter the Martyr, justly
looked upon as one of the masterpieces of Painting. It was
also about this time that he did the picture of the Pilgrims of
Emmaus, now in the Louvre.

In 1529, Titian was invited to Bologna to paint the portrait of the Emperor Charles V, who sat three times to him, and loaded him with marks of distinction. In their walks together he was usually on the right hand the Emperor, who observed to his courtiers, « I can make a Duke, but I cannot make a Painter like Titian. »

It is chiefly in portrait painting that Titian rises to the highest degree, and that he occupies the first rank, or divides it only with Van Dyck. The portraits of the Flemish painter perhaps please most; those of the Venetian have something more commanding. The greater part of these portraits represent high personages, or individuals famous for their genius. We must principally mention the portraits of the Popes, Julius II, Clement VII, Alexander VJ, and Paul III; those of the Cardinals di Medici, and Pietro di Bembo; those of Francis I, King of France, and Philip II, King of Spain; the Emperor Soliman; Ferdinando di Alvaro, Duke of Alba; those of the Dukes of Saxony, of Savoy, and of Milan; those of the Doges Lando, Trevisano, Gritti, Grimani, and Andrea Doria; the portraits of Ignatius Loyola, and of San Ludovico di Gonzalvo; those of Boccaccio, Aretino and Luther. He also executed several portraits of women, and there his talent is still more remarkable and more extraordinary.

In 1545, he performed the journey to Rome and saw Michael Angelo; but Raphael was no longer in existence. During the year that he resided in that Capital of the Arts, he painted the famous Danaë, now at Naples, and of which there are several repetitions. Previous to returning to Venice, this great painter wished to visit Florence; but he did not receive from the Medici that reception he had a right to expect from a family who had displayed so much taste for the Arts.

When seventy years old, Titian had lost nothing of his talent; in 1550, he went to Ausburgh, whither he was or-

dered by the Emperor, with whom he thence went to Inspruck. It was there he did an allegorical picture of the most
brilliant effect : the Virgin and Saints are seen praying the
Trinity to accept the homages of the imperial family, occupying the lower part of the picture. The senate of Venice
wished also that Titian should take upon himself part of the
embellishments of the council chamber, but he declined, and
caused Giacomo Robusti, Paul Cagliari, and his son Orazio
Vecelli, to be accepted in his stead. As to himself he painted
several pictures for the Emperor, amongst which must be
particularized, Diana and Actæon, Perseus and Andromeda,
Jason and Medæa, Pan and Syrinx, Venus and Adonis. These
masterpieces are now in the Escurial Palace.

Titian was assailed by misfortunes in his old age, he saw
perish in the same year, his patron, Charles V; Aretino, to
whom he was very partial; the daughter of one of his friends,
in whose welfare he took the warmest interest; Pomponius,
one of his sons, disgraced his name and the sacerdotal dignity, by the most horrible debaucheries. Seeking to avoid
pondering on these afflictions, he resumed his pencil, and
about the year 1560, painted for Venice, the Martyrdom of
St. Lawrence, the Scourging of Jesus Christ, now at Lisbon,
a Magdalene three repetitions of which are known at Venice,
two at Florence, and one in the Escurial. He also finished a
Last Supper, begun seven years before, and which he himself
considered as his best performance.

Titian although eighty year old, was commissioned, in
1565, to paint three pictures for the Hotel-de-Ville of Brescia : he continued working at it, when in 1576, a contagious
disorder broke out at Venice, and carried him off in his
eighty-ninth year.

Titian's finest pictures are mostly in Venice. There are
however a great many in the Museum of Madrid, and in the
Palace of the Escurial. The greater part of these are but little
known, never having been engraved. The number of compositions, or portraits, painted by this artist, may be put
down at more than 450.

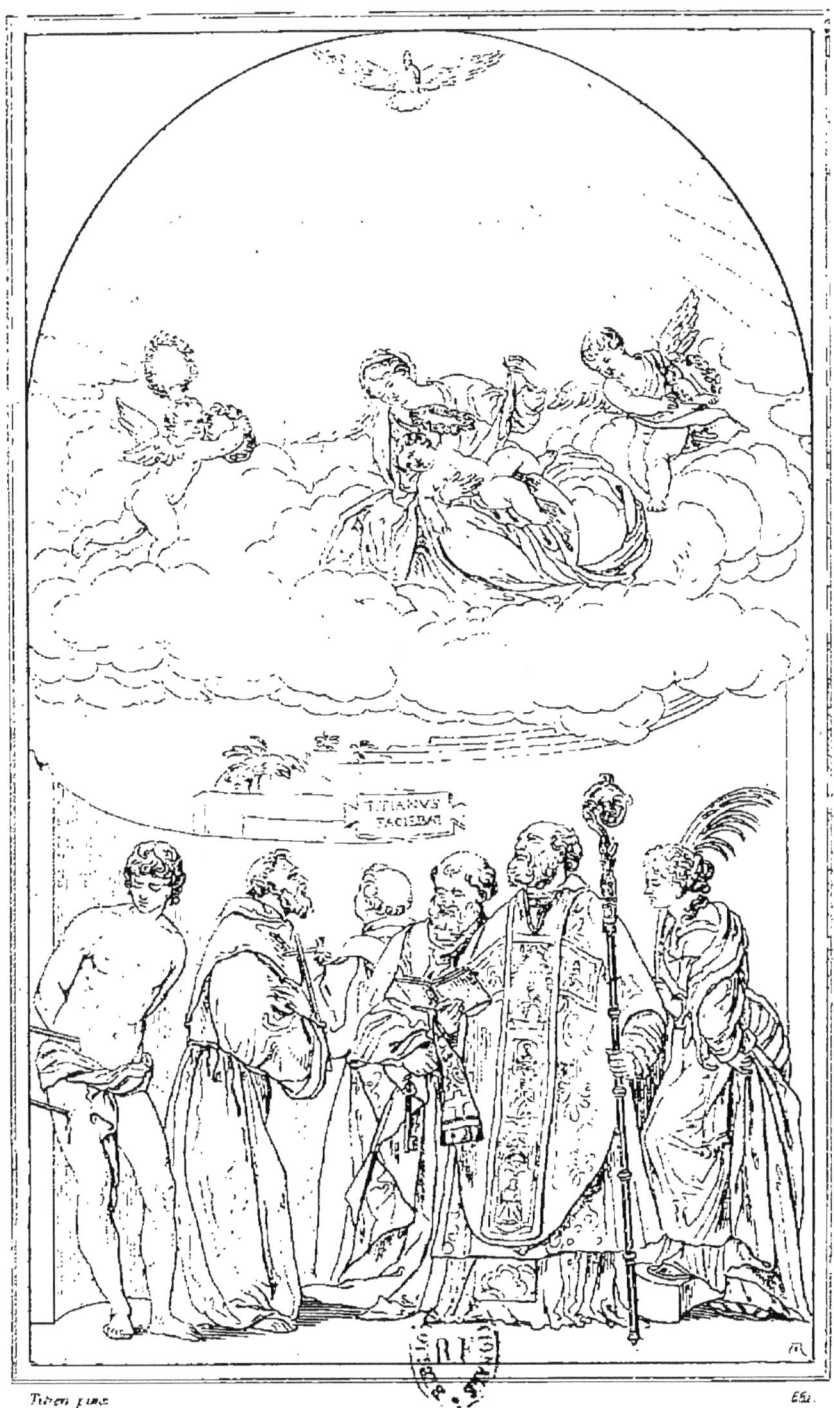

Titien pinx.   651.

LA VIERGE TENANT L'ENFANT JÉSUS ADORÉ PAR PLUSIEURS SAINTS.

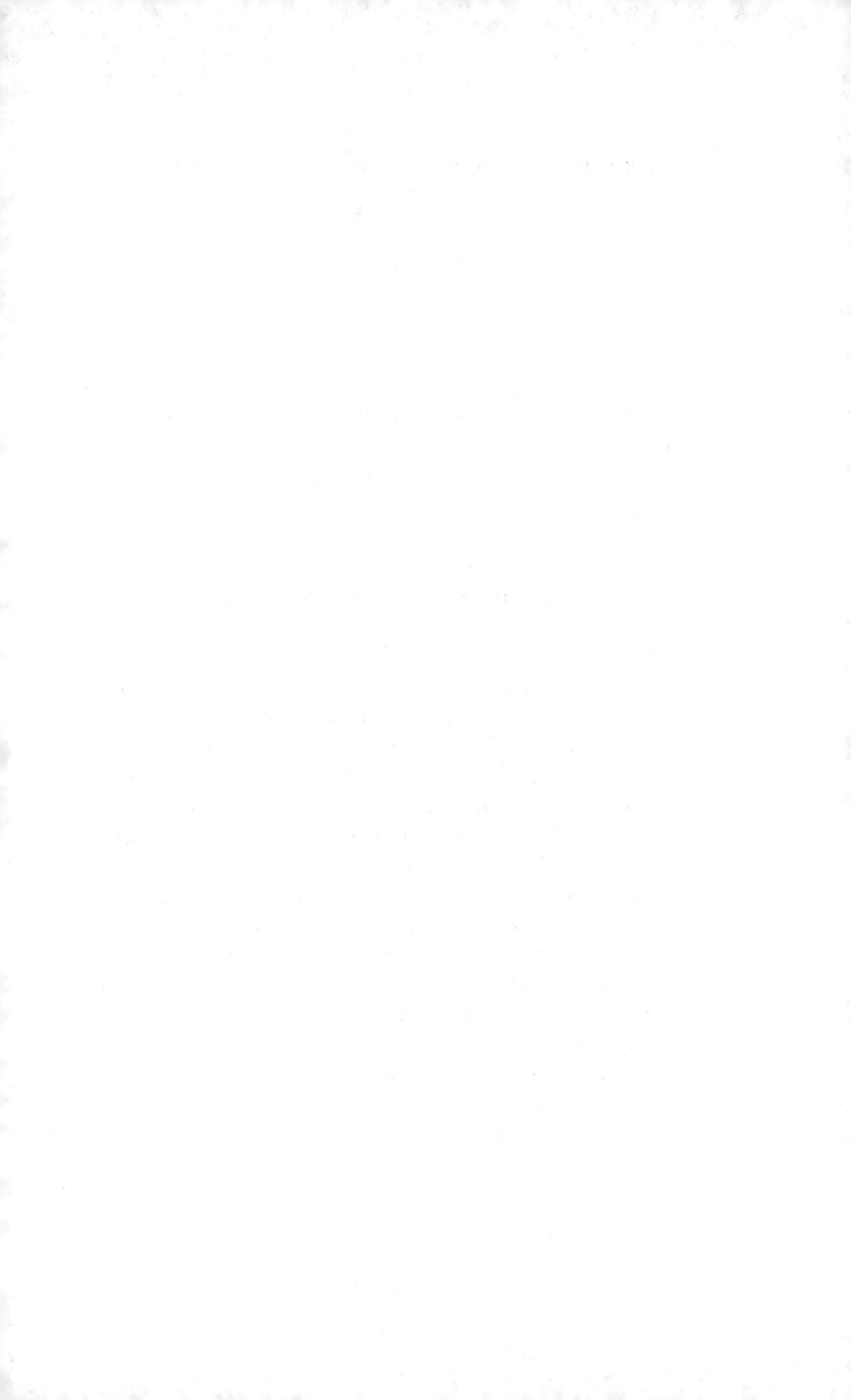

LA VIERGE TENANT L'ENFANT JÉSUS,

ADORÉ PAR PLUSIEURS SAINTS.

Nous avons déjà eu l'occasion de faire remarquer que la piété de ceux qui demandaient un tableau, les engageait quelquefois à désigner au peintre les personnages qu'il devait placer dans sa composition; c'est ce qui est arrivé pour celui-ci. Titien, chargé de peindre un tableau pour le maître-autel de l'église Saint-Nicolas des frères, à Venise, a dû placer dans son tableau la Vierge et l'enfant Jésus. Il les a accompagnés de deux anges portant des couronnes pour récompenser la vertu des saints, placés debout dans le bas du tableau.

A gauche est saint Sébastien entièrement nu, près de lui se voient saint François et saint Antoine de Padoue avec l'habit monastique. Au milieu est saint Nicolas en habits pontificaux, il est accompagné d'un autre personnage que rien ne fait reconnaître. Tout-à-fait à droite est sainte Catherine tenant d'une main la palme du martyre, et posant un pied sur la roue qui devait être l'instrument de son supplice.

Ce tableau est maintenant à Rome au palais de Monte-Cavallo. Il a beaucoup souffert, les lumières sont un peu jaunes, il est tellement noirci qu'on le voit avec peine; on y retrouve seulement quelques têtes d'une grande beauté. Au milieu est un cartouche portant le nom du Titien. Il a été gravé par Godefroy Sailer.

M. Massias possédait à Paris une répétition de ce tableau. La dimension en est:

Haut., 5 pieds 6 pouces; larg., 3 pieds 6 pouces.

661.

THE VIRGIN AND INFANT JESUS
ADORED BY SAINTS.

We already have had occasion to remark that the piety of those who ordered a picture, sometimes induced them to point out to the painter the personages he was to introduce in his composition. This has happened in the present picture. Titian being commissioned to paint a picture for the high altar of the Church of San Nicola dei Frati, at Venice, has introduced in it the Virgin and the Infant Jesus. They are accompanied by two angels bearing crowns to reward the virtue of the Saints seen standing in the lower part of the picture.

On the left is St. Sebastian, wholly naked; near him are seen St. Francis, and St. Anthony of Padua, in their monastic dresses. In the middle is St. Nicholas in pontificals, accompanied by another personage, but whom no mark distinguishes. Quite to the right is St. Catherine holding the palm of martyrdom in one hand, and placing her foot on the wheel which was to be the instrument of her sufferings.

This picture, which is now at Rome, in the Pallazo Monte Cavallo, is much damaged: the lights are yellowish, and it has become so black that some the parts are scarcely to be distinguished : some of the heads only are discerned to be very beautiful. In the middle is a scroll with Titian's name. It has been engraved by Godefroy Saiter.

M. Massias had in Paris a duplicate of this picture the size of which is:

Height 6 feet 10 inches; width 3 feet 8 inches.

66.

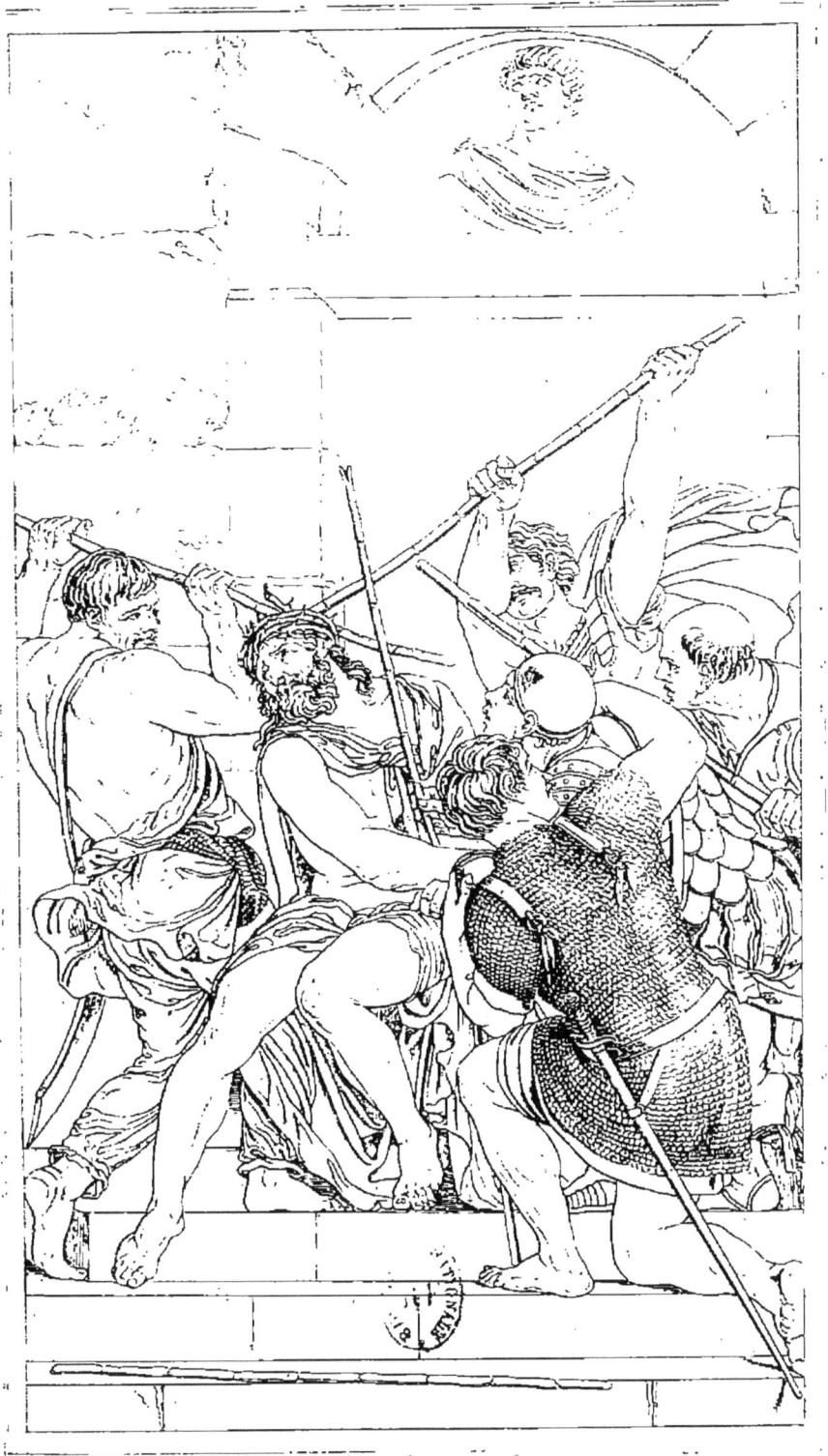

JESUS CHRIST CONDEMNÉ À MORT

COURONNEMENT D'ÉPINES.

L'un des plus beaux tableaux du Titien; sa composition mérite d'être remarquée, son style est élevé, et le coloris est supérieur encore à tout ce qui peut se rencontrer dans l'école de Venise. Jamais dans aucun autre tableau du même peintre la chair ne fut mieux peinte; les couleurs sont rapprochées, mêlées, fondues avec autant de perfection que dans la nature même.

Trois bourreaux sont debout autour du Christ, deux soldats sur le devant s'inclinent en lui présentant le roseau qu'ils lui donnent pour sceptre, tandis que la couronne d'épines est violemment appuyée sur sa tête à coups de bâton. Cette action atroce démontre l'intention d'insulter la victime, et fait ressortir davantage la tranquillité et la patience du Sauveur. L'attitude de cette belle figure est noble et pleine de grace. Le corps se penche doucement en avant, ses genoux se rapprochent par l'effet de la douleur. Sa tête mâle et souffrante, sa large poitrine, ses membres presque nus, la pourpre qui flotte sur ses épaules, éclairées par une vive lumière, appellent d'autant mieux les regards que les chairs des bourreaux et des soldats, leurs draperies, leurs armes, les murs du palais, tous ces objets n'offrent que des tons bruns. Le buste de Tibère, placé au dessus d'une porte dans le fond, indique l'époque de la mort de Jésus-Christ.

Ce tableau a été peint pour le couvent de Sainte-Marie-des-Graces à Milan; il a été vu pendant plusieurs années au Musée de Paris et rendu en 1815.

Haut., 10 pieds 3 pouces; larg., 5 pieds 8 pouces.

325.

THE CROWNING WITH THORNS.

One of Titian's finest pictures; its composition deserves to be remarked, its style is grand, and the colouring also is superior to any thing to be seen in the Venetian School. Never, in any other picture by the same artist, was flesh better painted : the tints are combined, blended, intermixed, with as much perfection as in nature itself.

Three executioners are standing around Jesus Christ; two soldiers in front, are bowing as they prsente him the reed for a sceptre, whilst the crown of thorns is violently knocked on his head, with a stick. This atrocious deed shews the intention of insulting the victim, and contrasts the more strongly with the mildness and patience of our Saviour. The attitude of this beautiful figure is noble and graceful : the body leans slightly forwards, the knees knitting to each other from the effect of pain, the majestic and suffering head, the broad chest, the almost naked limbs, the scarlet robe flowing over the shoulders, illuminated by a strong light, attract the attention, the more forcibly, as the carnations of the executioners and of the soldiers, their draperies, their arms, the palace walls, all these objects display sombre tints only. The bust of Tiberius, placed above a door in the back-ground, indicates the epoch of the death of Jesus-Christ.

This picture was painted for the convent of Santa Maria Delle Grazzie, at Milan : it was, during several years, in the Paris Museum, but was given back, in 1815.

Height, 10 feet 10 $\frac{2}{3}$ inches; width, 6 feet.

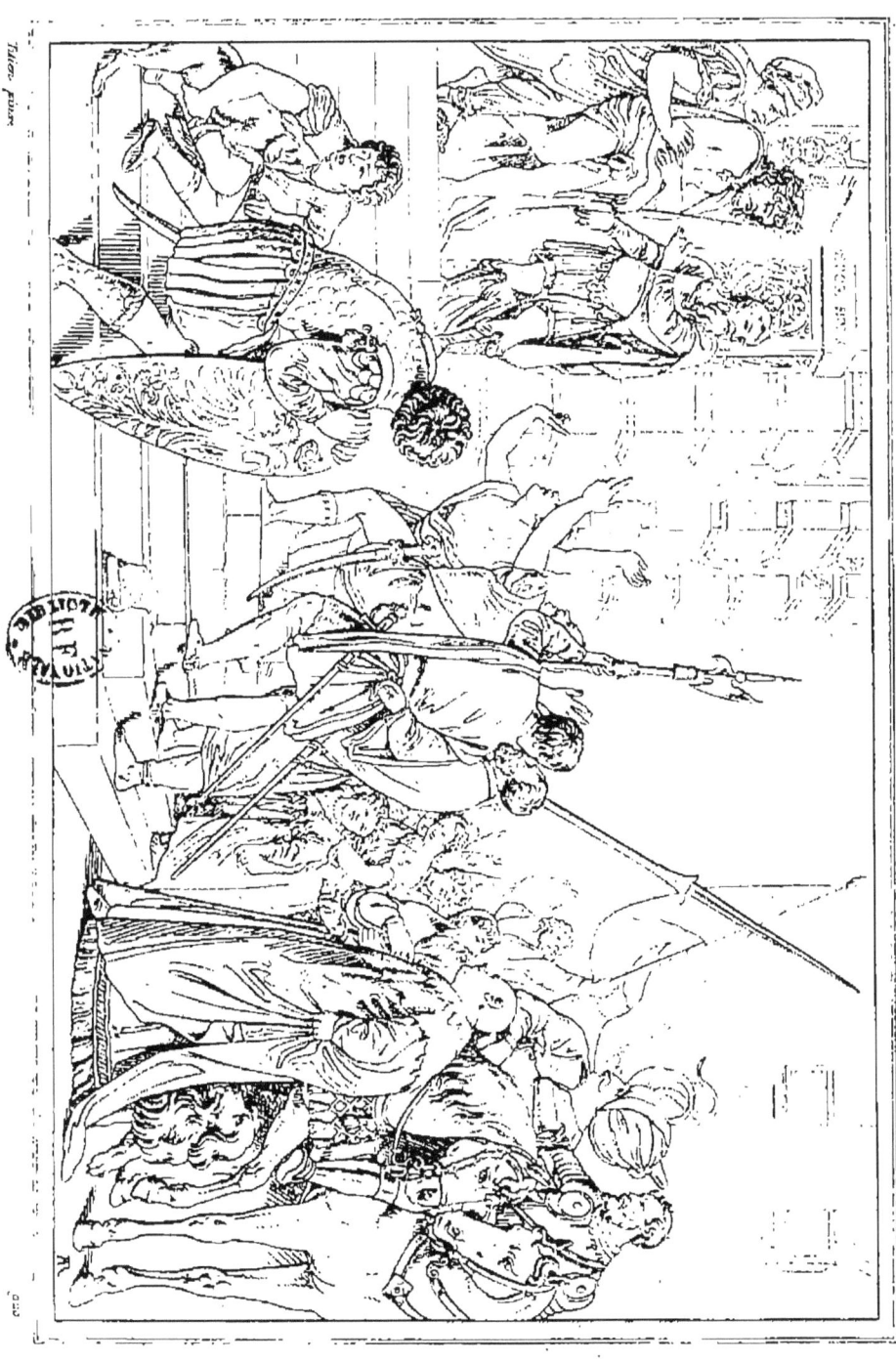

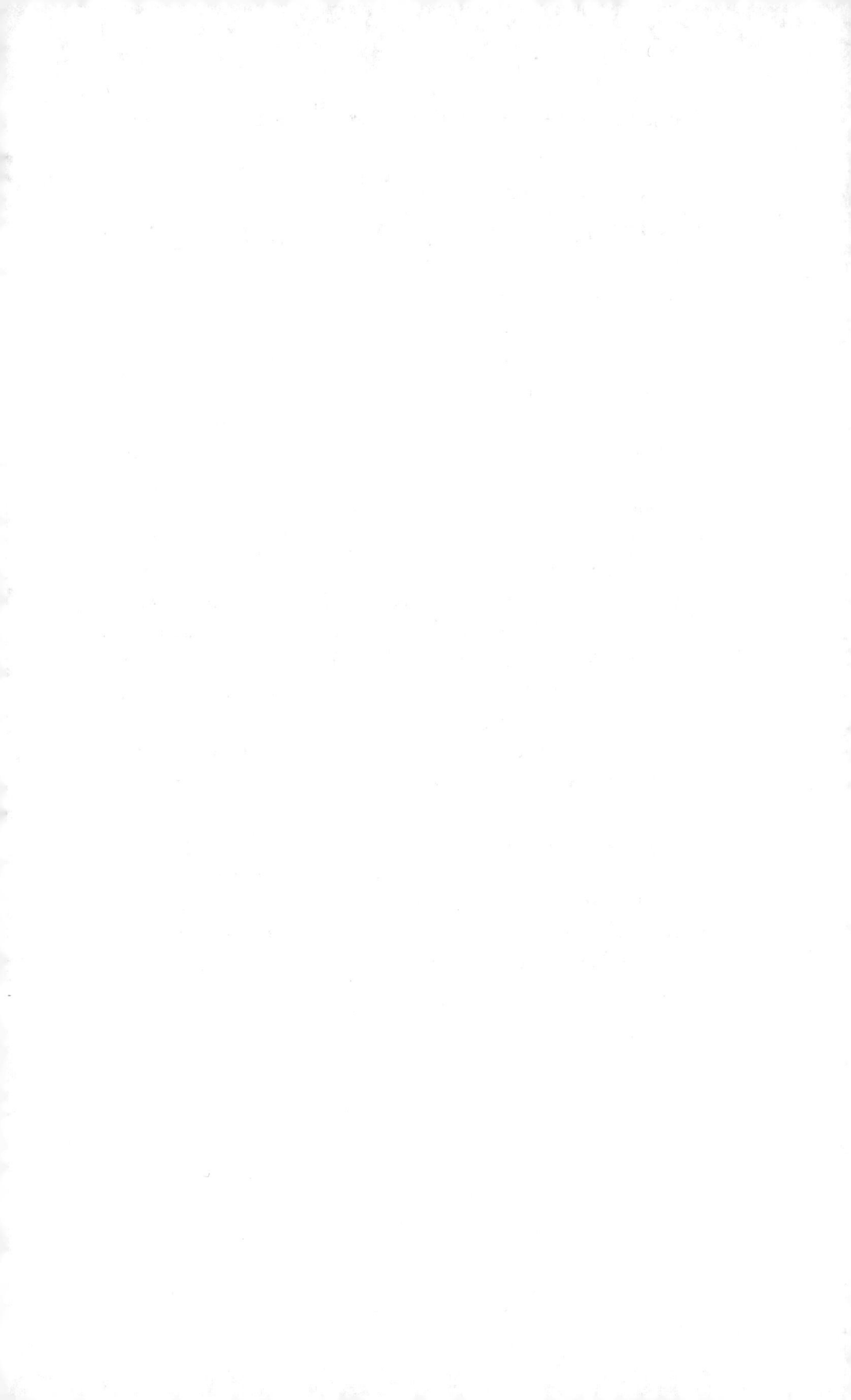

JÉSUS-CHRIST PRÉSENTÉ AU PEUPLE.

Sans avoir trouvé Jésus - Christ coupable, Pilate avait pourtant ordonné qu'il fût flagellé. Les soldats, pour le narguer de ce qu'il s'était dit Roi des Juifs, placèrent sur sa tête une couronne d'épine, couvrirent ses épaules d'un manteau de pourpre, et lui mirent à la main un roseau en guise de sceptre. C'est dans cet état que Pilate le présenta au peuple, et dans l'espoir d'émouvoir sa pitié, il lui dit : *Ecce homo*, voilà l'homme. Mais tous répondirent à grands cris : Crucifiez-le, crucifiez-le !

Titien a représenté Pilate à la porte du Prétoire, montrant Jésus Christ au peuple et lui exposant qu'il ne mérite pas la mort. Le peintre s'est représenté sous la figure du juif à grande barbe, la main placée sur sa poitrine, et parlant à un autre juif à tête chauve. La femme que l'on voit près de lui est sa fille; plusieurs autres spectateurs sont des personnages célèbres et contemporains du Titien. Sur l'une des marches est un papier où se trouve écrit : Titianus eques Ces. f. 1543.

Ce grand et magnifique tableau est d'un effet surprenant, cependant il a souffert un peu, et a reçu quelques restaurations. Il a sans doute été autrefois à Prague, puisque Wenceslas Hollar en a donné une gravure, à laquelle on peut reprocher d'être un peu lourde.

Larg., 11 pieds 3 pouces; haut., 7 pieds 7 pouces.

CHRIST SHEWN TO THE PEOPLE.

Pilate there fore took Jesus and scourged him, and the soldier plaited a crown of thorns and put it on his head, and they put on him a purple robe, and said, hail King of the Jews; and they smote him with their hands. Pilate therefore went forth again; and saith unto them. Behold I bring him forth to you, that ye may know that I find no fault in him. Them came Jesus forth, wearing the crown of thorns, and the purple robe. And Pilate saith unto them, behold the Man. When the chief priests therefore and officers saw him theycried out, saying, crucify him, crucify him.

Titian has represented Pilate at the door of the judgment Hall, shewing Jesus Christ to the people, and declaring that he did not deserve death. The painter has represented himself under the person of the jew with the long beard, whose hand is placed upon his breast speaking to another, who is bald-headed. The woman near him is the daughter of Titian, and several of the spectators are celebrated personages, his cotemporaries.

On one of the steps is seen a paper whereon is written Titianus eques Ces. F. 1543.

This large and splendid picture is of surprising execution, however it has been slightly damaged and partially restored. It was doubtless formerly at Prague since Wenceslas Hollar has given an engraving of it, which however is said to be rather a heavy production.

Width 11 feet 11 inches; height 8 feet.

920.

JÉSUS-CHRIST PORTÉ AU TOMBEAU

Idem fecit

271

JÉSUS-CHRIST PORTÉ AU TOMBEAU.

Saint Jean rapporte qu'après la mort de Jésus-Christ, Joseph d'Arimathie, l'un de ses disciples, obtint de Pilate la permission d'enlever le corps pour l'ensevelir, Nicodème l'aida dans cet acte pieux. L'Évangile ne dit pas que l'apôtre saint Jean ait aidé les deux disciples ; mais, comme au moment où Jésus-Christ expira il était près de la croix avec la Vierge et Marie Madeleine, il est assez naturel de penser qu'il aura coopéré au transport de Jésus-Christ dans le sépulcre.

C'est ici l'un des plus beaux tableaux du Titien ; il est parfaitement conservé, et certainement il a été peint par ce maître lors de sa plus grande vigueur.

On y admire également l'harmonie des couleurs et la belle entente du clair-obscur. Le corps de Jésus-Christ est parfaitement rendu ; on sent son affaissement et la pesanteur des membres qui n'ont plus de soutien. L'expression des têtes est sévère et pleine de noblesse. La Madeleine, remplie d'effroi, semble vouloir éloigner la Vierge de ce cruel spectacle. Saint Jean paraît accablé de douleur ; tandis que, plus âgé et moins lié avec Jésus-Christ, Joseph d'Arimathie est plus calme.

Ce tableau avait appartenu au duc de Mantoue avant de passer dans le cabinet de Charles Ier., roi d'Angleterre. Après la mort de ce prince, il fut acheté par M. Jabach, qui le vendit ensuite au Roi. On le voit maintenant dans la grande galerie du Louvre. Il a été gravé par Gilles Rousselet.

Largeur, 6 pieds 6 pouces ; hauteur, 4 pieds 6 pouces.

THE ENTOMBING OF CHRIST.

S^t. John relates that after the death of Jesus Christ, Joseph of Arimathea, one of the disciples, obtained permission from Pilate to carry away the body to bury it, and that Nicodemus assisted in this pious act. The Gospel does not mention that S^t. John assisted those two disciples, but as; at the moment Jesus Christ expired, he was near the Cross with the Virgin and Mary Magdalene, it is natural to suppose he helped in removing Jesus Christ to the tomb.

This is one of Titian's finest pictures : it is in high preservation and was certainly painted during that Master's zenith.

The harmony of the colours, and the excellent management of the light and shade are equally admirable. The body of Christ is perfectly delineated : the lifeless sway of it and the weight of the falling limbs are felt. The expression of the heads is severe and full of grandeur : the horror-stricken Mary Magdalene seems endeavouring to remove the Virgin from the cruel scene. S^t. John appears overwhelmed with grief whilst Joseph of Arimathea, who was older and less intimate with Jesus Christ, displays more calm.

This picture belonged to the Duke of Mantua previous to its being transferred to the Collection of Charles I. King of England : after the death of the latter prince, it was purchased by M. Jabach, who subsequently sold it to the King of France. It is now in the Grand Gallery of the Louvre : it has been engraved by Gilles Rousselet.

Width , 6 feet 11 inches; height, 4 feet 9 inches.

573.

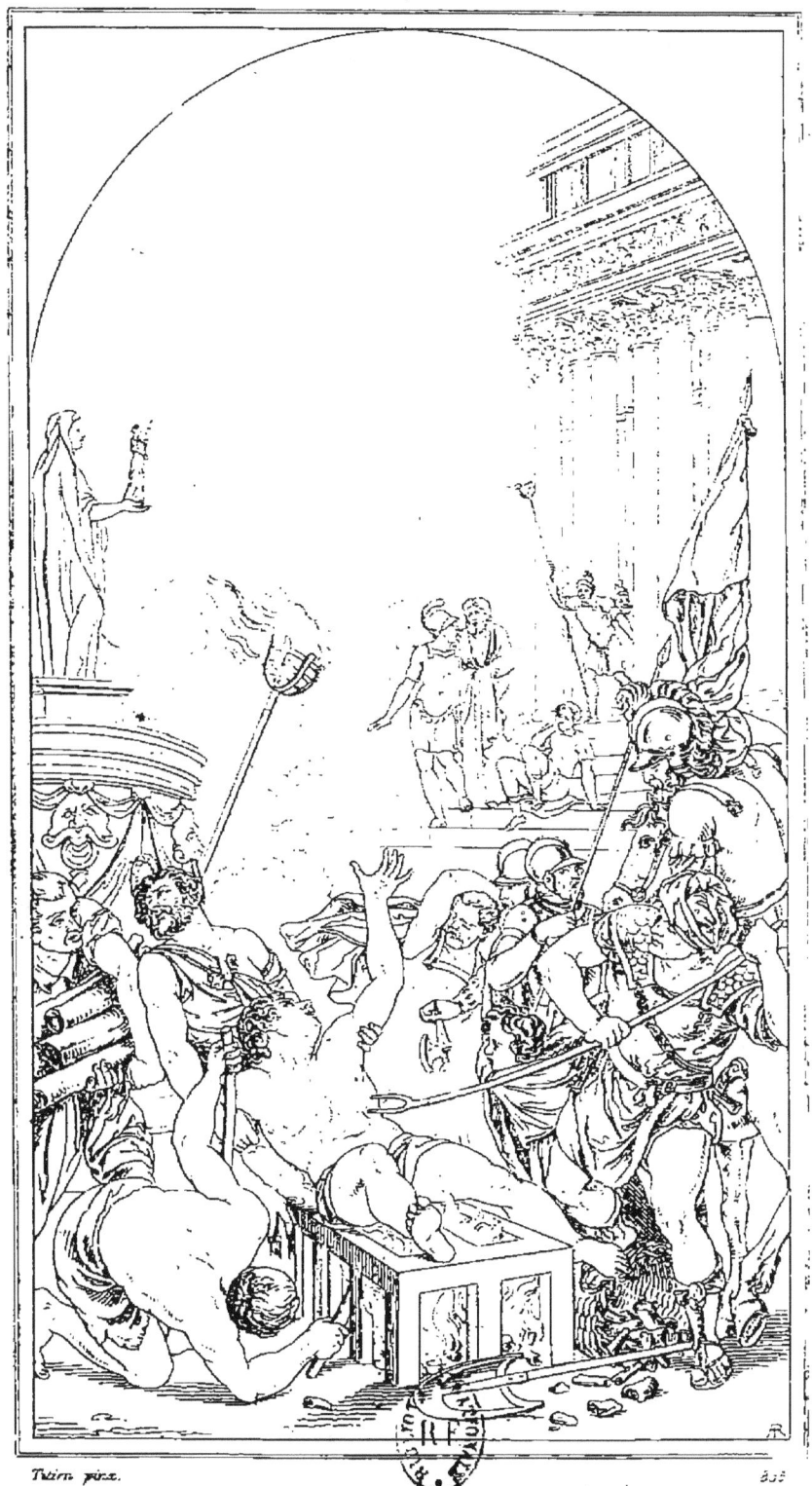

MARTYRE DE St LAURENT.

MARTYRE DE SAINT LAURENT.

Saint Laurent, l'un des sept diacres de l'église de Rome, fut martyrisé en 258, lors des persécutions ordonnées par l'empereur Valérien. Quelques personnes pensent qu'il naquit à Huesca, en Espagne : c'est sans doute à cause de cela que le roi Philippe II fit construire près de l'Escurial un couvent placé sous son invocation. Une partie de ce monastère sert de palais aux rois d'Espagne, et il s'y trouve un grand nombre de tableaux des meilleurs maîtres.

Parmi ceux-ci on distingue le martyre de saint Laurent que Titien fit par ordre du roi. L'esquisse de ce tableau est placé dans la galerie du Musée royal de Madrid. Le mérite du tableau fit demander au Titien d'en faire une répétition pour l'église des *Portes-Croix* à Venise, devenue depuis celle des Jésuites. Ce grand et magnifique tableau est bien dessiné, d'un beau caractère. Les têtes sont pleines d'expression, l'effet très-vigoureux, mais il pousse au noir, et une mauvaise restauration lui a ôté une partie de sa transparence.

La seule différence qui existe entre les deux tableaux, c'est que, dans celui d'Espagne, la fumée du bûcher remplit tout le fond du tableau, et on voit descendre du ciel deux anges apportant la palme du martyre; tandis que, dans celui de Venise, les anges ne se trouvent pas, et quelques figures sont placées sur le perron d'un palais, qui occupe la droite du fond.

Le tableau d'Espagne a été gravé par C. Cort, Sadeler et Normand ; celui de Venise l'a été par Oortman.

Haut., 15 pieds ; larg., 8 pieds 6 pouces.

805.

MARTYRDOM OF S'. LAWRENCE.

St. Lawrence, one of the seven deacons of the church of Rome, suffered martyrdom under Valerian, in 258. Some authors are of opinion that he was born at Huesca, in Spain; and it was doubtless for this reason, that the convent bearing his name was built near the Escurial, by Philip II. A part of that monastery serves as a palace for the Kings of Spain, and contains a great number of pictures by the ablest masters.

Among them is remarked Titian's Martyrdom of St. Laurence, painted by order of the King. The sketch of this composition is in the Royal Museum of Madrid. The merit of the work itself was such, that a duplicate of it was demanded of Titian, for the church of the *Brothers of the Cross,* afterwards that of the Jesuits, in Venise. This magnificent picture is well designed, and of a beautiful character : the heads are full of expression, and the effect is vigorous, though the colour grows black, and, by unskilful restoration, has lost a part of its transparency.

The sole difference between the two pictures is, that in that of Spain, the smoke from the pyre fills the whole back-ground, and that two angels are seen descending from heaven, with the palm of martyrdom; while in that of Venise, the angels are wanting, and several new figures are placed on the steps of a palace occupying the right of the back-ground.

The Spanish picture has been engraved by C. Cort; that of Venise, by Oortman.

Height, 15 feet 11 inches; width, 9 feet.

805.

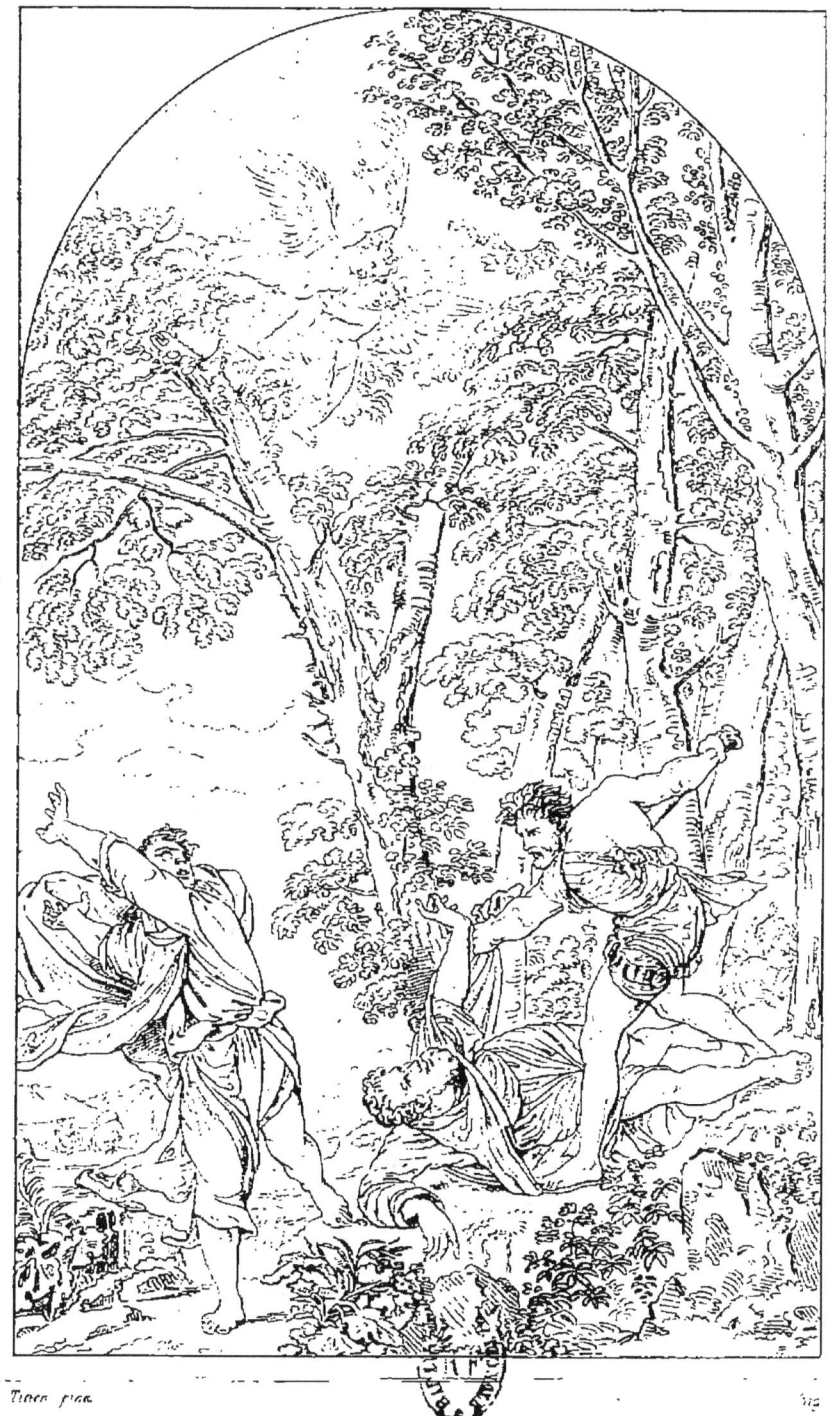

MARTYRE DE St PIERRE LE DOMINICAIN

MARTYRE DE SAINT PIERRE

LE DOMINICAIN.

Ce tableau, l'un des plus beaux ouvrages du Titien, fut fait à Venise en 1528 pour l'église de Saint-Jean et Saint-Paul; le peintre était alors âgé de quarante-huit ans, il fut chargé de l'exécuter par suite d'un concours entre lui et Palme le Vieux.

Saint Pierre naquit à Vérone vers 1205 : instruit par un maître catholique, il professa cette religion malgré son père; dès l'âge de quinze ans, il entra dans l'ordre de saint Dominique, puis prêcha avec zèle et avec succès. Nommé inquisiteur, son ardeur s'accrut au milieu des dangers auxquels l'exposait sa place; elle fut telle que, suivant l'expression d'un de ses historiens, « semblable à un lion parmi des bêtes féroces, il ne laissa nul repos aux hérétiques. » Quelques habitans de Milan conspirèrent contre sa vie, et la veille de Pâques, sur le chemin de Côme, un assassin nommé Cavina l'atteignit à l'extrémité d'un bois, le frappa et le renversa baigné dans son sang; puis, tandis qu'il courait pour faire périr le frère Dominique, son compagnon, il aperçut saint Pierre à genoux récitant le symbole des apôtres. L'assassin, saisi d'une nouvelle fureur, frappe de nouveau sa victime et elle expire.

Tout est grand, énergique, expressif dans cette belle peinture. La noblesse des figures, la hardiesse et la vérité des raccourcis, l'expression mâle des têtes, le développement des draperies agitées par le vent, la chaleur du coloris, la vigueur du paysage, sont également dignes d'admiration.

Ce tableau, peint sur bois, vint au Musée de Paris, où il fut mis sur toile en 1799 par M. Haquin, puis reporté à Venise en 1815. Il a été gravé par Martin Rota, V. Lefèvre et H. Laurent.

Haut., 15 pieds 7 pouces; larg., 9 pieds 4 pouces.

MARTYRDOM OF Sᵗ. PETER
THE DOMINICAN.

This picture, one of Titian's finest works, was painted at Venice, in 1528, for the church of St. John and St. Paul : this great artist was then forty eight years old, and he was commanded to execute it, in consequence of a competition between him and Palma, called Il Vecchio, or the old man.

St. Peter was born at Verona, towards the year 1205 : educated by a catholic master, he professed that religion notwithstanding his father. As early as the age of fifteen he entered the order of St. Dominic, and preached, both with zeal and success. Being named inquisitor, his ardour increased in the midst of the dangers to which his situation exposed him, and was such, according to the expression of one of his historians, « that like unto a lion among ferocious beasts, he allowed no rest to the heretics. » Some inhabitants of Milan conspired against his life, and at the eve of Easter, on the road to Como, an assassin named Cavina met him, near the borders of a wood, struck him and threw him down, weltering in his blood : then, whilst he was running to put to death brother Dominico, his companion, he saw St. Peter on his knees repeating the Apostles' creed; the assassin, who was enraged anew, again, struck his victim, who then expired.

In this beautiful picture, every thing is great, forcible, and expressive. The grandeur of the figures, the boldness and truth of the foreshortenings, the manly expression of the heads, the display of the draperies agitated by the wind, the warmth of the colouring, and the nobleness of the landscape, are equally worthy of admiration.

This picture, painted on wood, came to the Paris Museum, where, in 1799, it was transferred on canvass by M. Haquin : in 1815 it was taken back to Venice. It has been engraved by Martin Rota, V. Lefèvre, and H. Laurent.

Height, 16 feet 6 ⅔ inches; width, 9 feet 11 inches.   319.

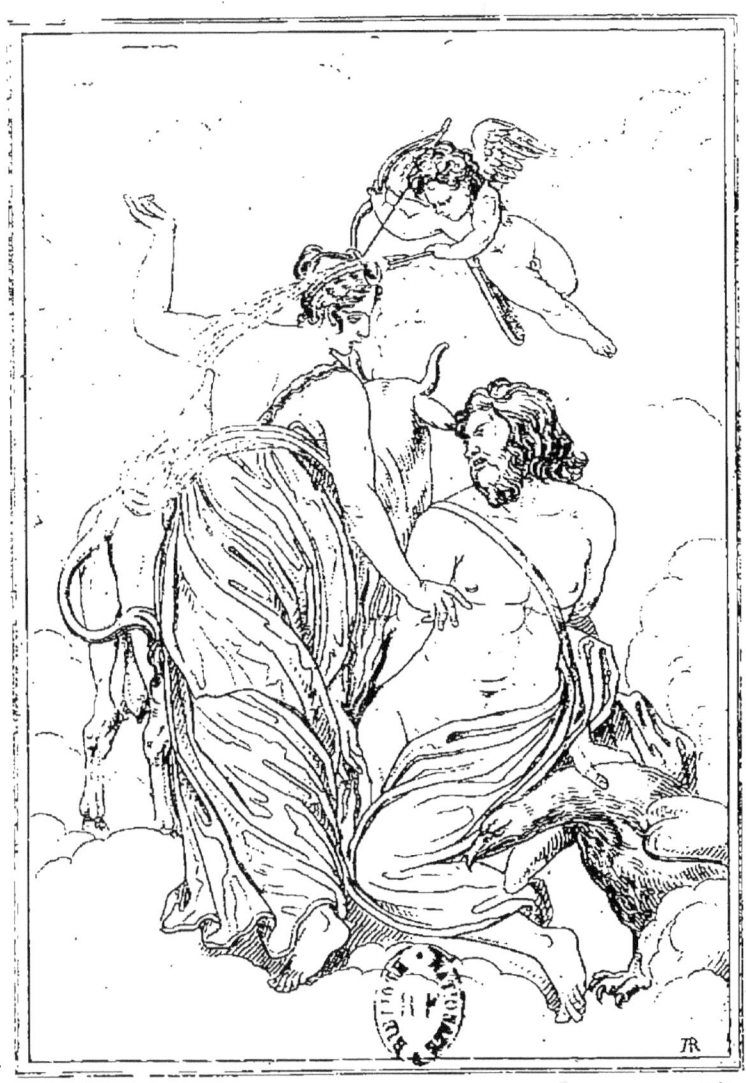

Turin pinx.   1852.

JUPITER ET JUNON

JUPITER ET JUNON.

Le peintre Titien a représenté ici Jupiter au moment où il vient de métamorphoser la nymphe Io en vache, pour tâcher de la soustraire aux recherches de la jalouse et vindicative Junon. Cette déesse ayant aperçu cette belle vache, en arrivant près de Jupiter, lui demande aussitôt d'où elle vient; le souverain des dieux semble lui répondre, que la terre vient de la produire à l'instant; mais bientôt après il éprouve un extrême embarras, ne pouvant résister à l'altière Junon, et se voyant forcé de lui confier la garde de cette beauté, dont elle pourra alors disposer à son gré.

Le peintre a donné à Jupiter une expression de tendresse et de regret, qui semblerait ne pas devoir être le partage de celui qui, en fronçant le sourcil, faisait trembler l'Olympe.

Ce tableau est le septième de la suite.

Haut., 11 pieds; larg., 7 pieds 4 pouces.

1042.

JUPITER AND JUNO.

Titian has here represented Jupiter, et the moment when he has just metamorphosed Io into a Cow, to endeavour to screen her from the jealous and revengeful researches of Juno; this Goddess, having perceived the beautiful cow, immediately enquires from whence it came. The sovereign of the Gods seems to answer her, that the earth has that moment produced it; but he soon feels extremely embarrassed, not being able to refuse the haughty Juno, and seeing himself obliged to confide the guardi anship of this beauty to her, to be disposed of as she pleased.

The artist has bestowed on Jupiter an expression of tenderness, and regret, which would seem not to have perhaps accorded with him, whose frowning brow, could make Olympus tremble. This is the seventh picture of the collection.

Height, 11 feet 9 inches; breadth, 7 feet 9 inches.

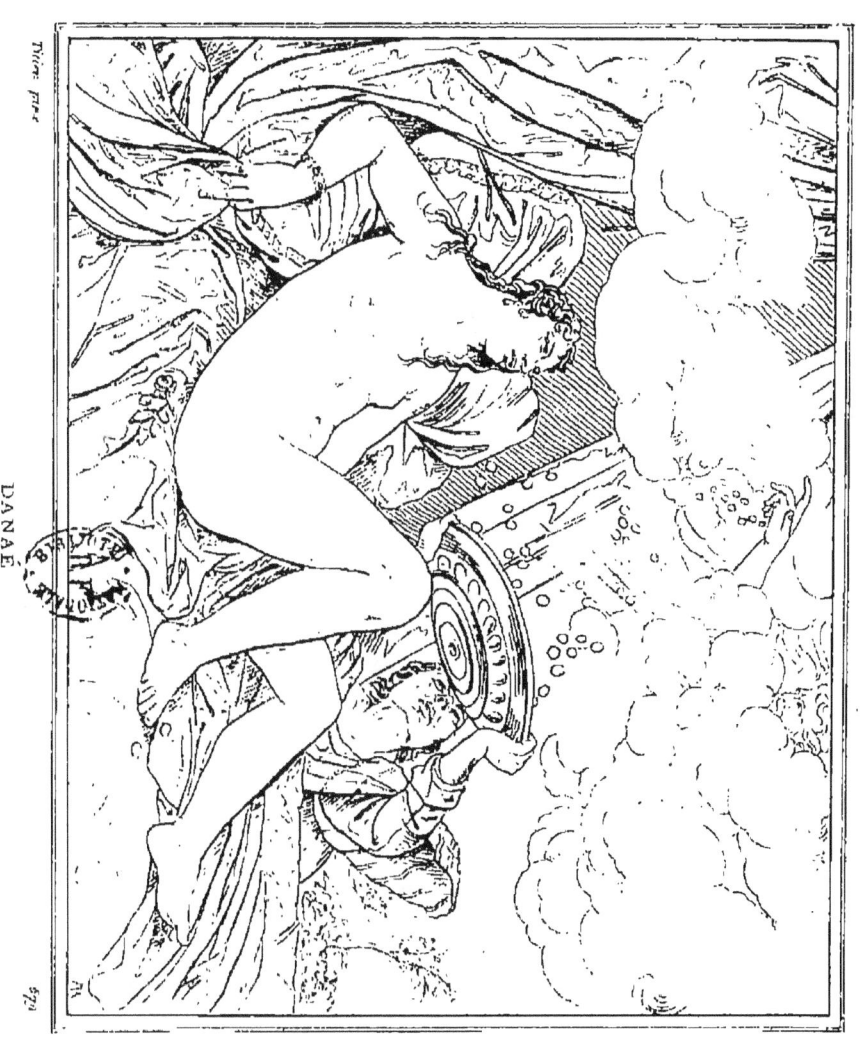

DANAÉ

DANAÉ.

La célèbre pluie d'or qui pénétre partout fut le moyen qu'employa Jupiter pour arriver à Danaé, que son père Acrisius avait fait enfermer, dans l'espérance d'éviter l'accomplissement de l'oracle, qui lui avait prédit que son petit-fils serait son meurtrier.

Nous avons déjà donné deux fois le même sujet, l'un par Girodet, sous le n°. 143, l'autre par Vander Werf, sous le n°. 291. Ces deux peintres ont représenté Danaé avec l'Amour, qui sans doute dispose la princesse à bien recevoir le maître des dieux et des hommes. Dans cette composition, Titien laisse apercevoir Jupiter lui-même encore enveloppé dans les nuées et répandant l'or à pleine main. La princesse semble préoccupée par un sentiment tout autre que celui de la richesse; mais une vieille servante s'empresse de recueillir la pluie merveilleuse qu'attirent les charmes de sa maîtresse.

Ce précieux tableau fait partie de la galerie du Belvédère à Vienne; on lit au bas : TITIANUS EQUES CÆS. La même composition, avec quelques changemens, a été répétée par Titien, et se retrouve au Musée de Naples, et chez M. Young en Angleterre.

Ces différens tableaux ont été gravés par Lisbetius, Richer et Louis Desplaces.

Larg., 4 p. 9 p.; haut., 4 p. 3 p.

DANAE.

The famous golden shower which penetrates through every thing, was the means employed by Jupiter to get at Danae, whom her father Acrisius had caused to be shut up, in the hopes of averting the fulfilment of the oracle, predicting that his grandson was to be his murderer. We have already given this subject twice; the one by Girodet, n°. 143; the other by Vander Werf, n°. 291. Both these painters have represented Danae with Cupid, who, no doubt, induces the princess to receive favourably the master of the Gods and of men. In this composition Titian displays Jupiter himself still envelopped in the clouds and showering down the gold, with a bountiful hand. The attention of the princess appears taken up with a very different sentiment to that which riches impart; but an old female attendant eagerly gathers up the wonderful rain drawn down by her mistress' charms.

This delightful picture forms part of the Belvedere Gallery: on the lower part is the inscription: TITIANUS EQUES CÆS. The same composition, with some deviations, has been repeated by Titian, and is in the Museum at Naples, and in the possession of Mʳ. Young in England.

These various pictures have been engraved by Lisbetius !, Richer, and Louis Desplaces.

Width 5 feet; height 4 feet 6 inches.

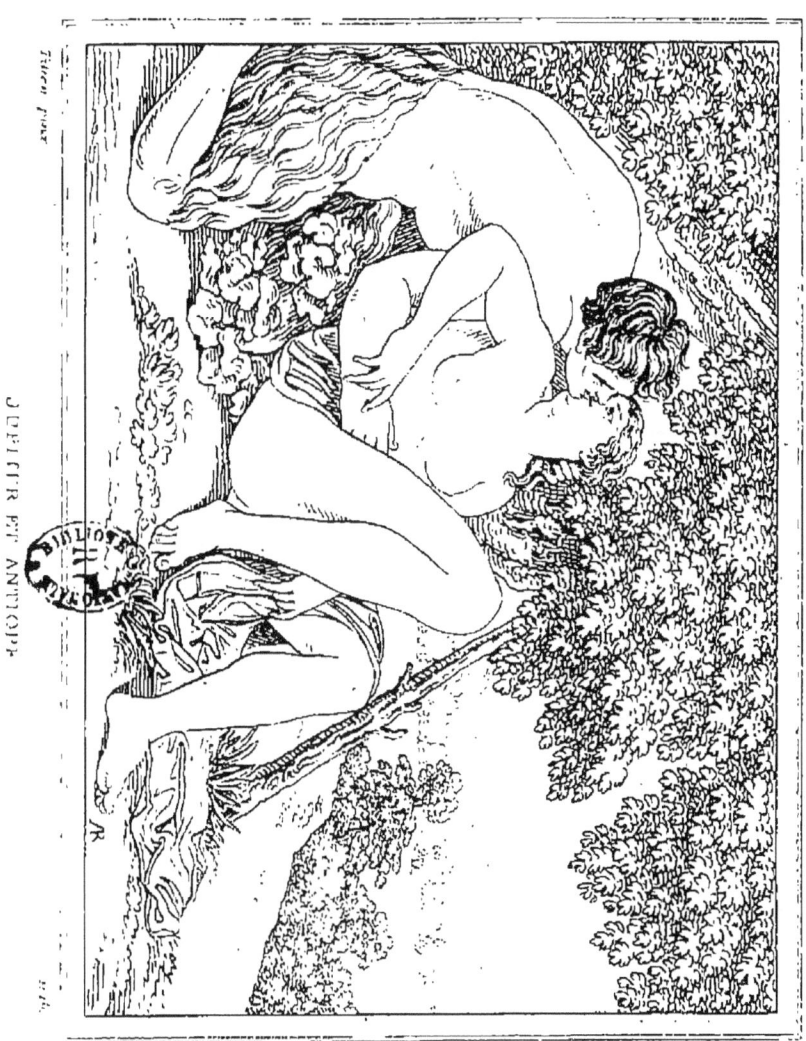

JUPITER ET ANTIOPE

Titien pinx.

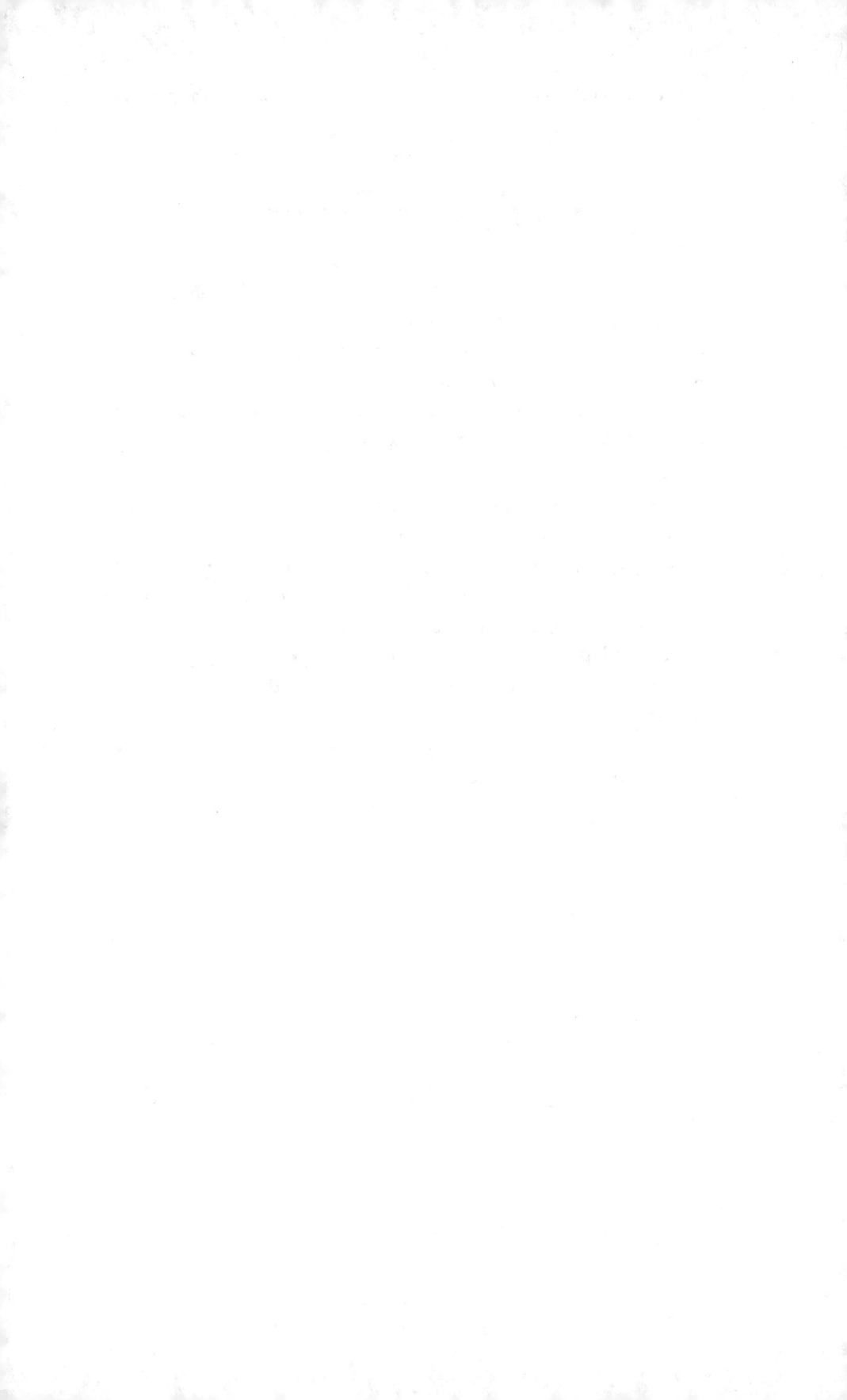

JUPITER ET ANTIOPE.

Jupiter, dont les métamorphoses ont été si fréquentes et si variées pour séduire différentes mortelles , prit la forme d'un satyre afin de plaire à la belle Antiope, fille de Nyctéus et de Polyxe. On doit donc par là comprendre que c'est un usage ridicule de donner , comme on le fait si souvent , un caractère brut à ces êtres imaginaires. Aussi Titien, dans sa composition., a laissé au satyre une physionomie agréable et pleine de tendresse. Il a seulement donné un peu d'allongement aux oreilles; et, en couvrant de poils la partie inférieure du corps, il a laissé aux jambes la forme humaine. Le corps du satyre est d'une couleur vigoureuse, ce qui fait ressortir davantage la blancheur éclatante de la belle Antiope.

Le fond de ce tableau est un paysage d'un ton chaud, les arbres par lesquels le groupe est abrité procurent un très-bon effet de lumière.

Ce tableau est en Angleterre ; il a été gravé par A. Raimbach.

1015.

JUPITER AND ANTIOPE.

Jupiter whose metamorphoses were so frequent, and so various in order to seduce mortals, took the form of a Satyr, to render himself agreeable to the beautiful Antiope. That is intended to inform us, that the custom is ridiculous of giving a character of brutes, to these imaginary beings.

Titian, in his composition has bestowed an agreeable countenance on Jupiter, and one full of tenderness. He has merely lengthened the ears a little, and covering with hair the lower part of the body, has distinguished the legs by those of the human form. The body of the Satyr, is of a vigorous colour, which heightens still more the dazzling whiteness of the beautiful Antiope.

The back ground of this picture is of a warm tone, and the trees by which the group is shaded, have a good effect.

The painting is in England and has been engraved by Raimbach.

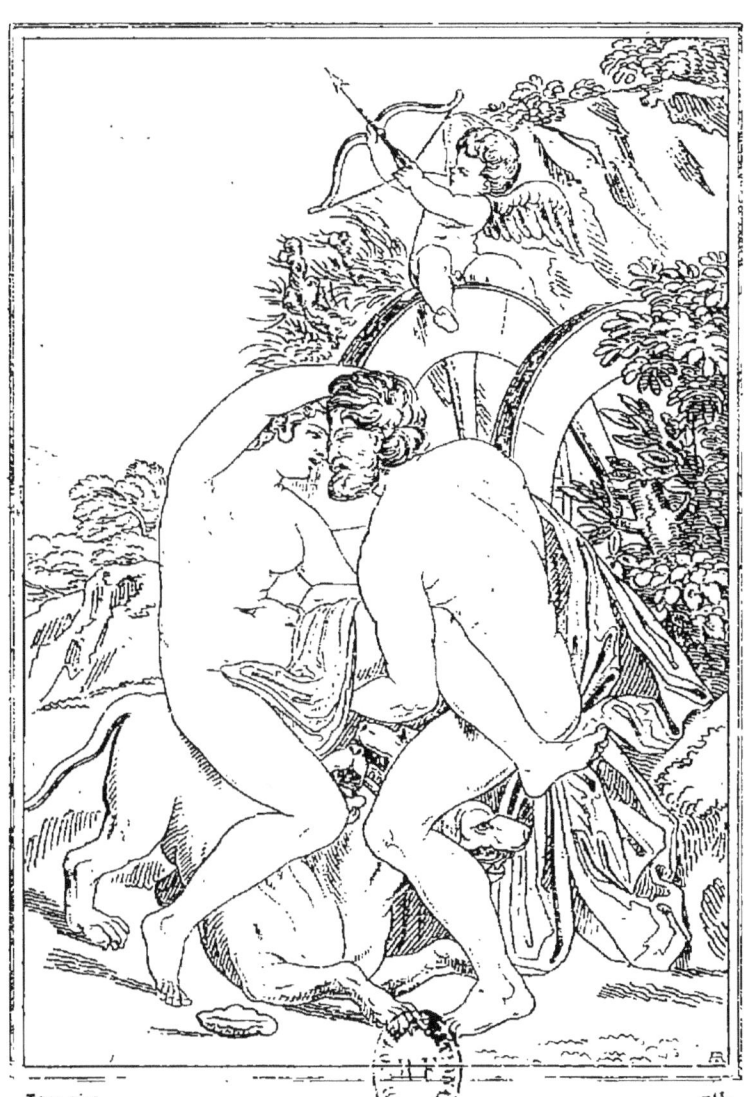

PLUTON ET PROSERPINE.

PLUTON ET PROSERPINE.

Lorsque Saturne fut renversé de son trône, l'univers se trouva partagé entre ses trois enfans : Jupiter devint le souverain du ciel, Neptune eut les eaux en partage, et Pluton plaça son empire dans les enfers. Bientôt, ennuyé des formes hideuses que lui offraient tous les personnages de sa cour, il voulut avoir pour compagne une beauté digne d'un dieu, et vint la chercher sur terre.

Proserpine, fille de Cérès, était dans les plaines de la Sicile, occupée à cueillir des fleurs, avec quelques-unes de ses compagnes. Pluton, l'ayant aperçue arriva sur son char attelé de quatre chevaux noirs, l'enleva précipitamment et la conduisit aux enfers. Le peintre a représenté l'instant de cet enlèvement. Pour en faire connaître la cause, il a placé un amour à califourchon sur une des roues du char de Pluton, qui du reste est bien caractérisé par la présence du chien Cerbère.

Ce tableau ne se trouve plus maintenant à Blenheim, dans la pièce où est la suite des Amours des dieux, peint par Titien.

Haut., 11 pieds; larg., 7 pieds 4 pouces.

PLUTO AND PROSERPINE.

When Saturn was dethroned , the universe was divided between his three children : Jupiter became the sovereign of the sky, Neptune became God of the waters, and Pluto placed his sceptre over the infernal regions. Soon becoming weary of the hideous forms which the personages of his court presented to his view, he was desirous of having a companion whose beauty should be worthy of a God , and came on earth to seek her.

Proserpine, the daughter of Ceres, was in the plains of Sicily , occupied in gathering flowers, with some of her companions, which Pluto perceiving , he came in his chariot drawn by four black horses, and carrying her off, with precipitation, conducted her to the infernal regions. The painter has selected the moment of the seizure, and to point out the cause, he has placed a Cupid astride on one of the wheels of Pluto's car, which is otherwise well characterized by the presence of the dog Cerberus.

This picture is no longer at Bleinheim , in the room where the loves of the Gods are exhibited.

Height , 11 feet 9 inches; breadth , 7 feet 9 inches.

1043.

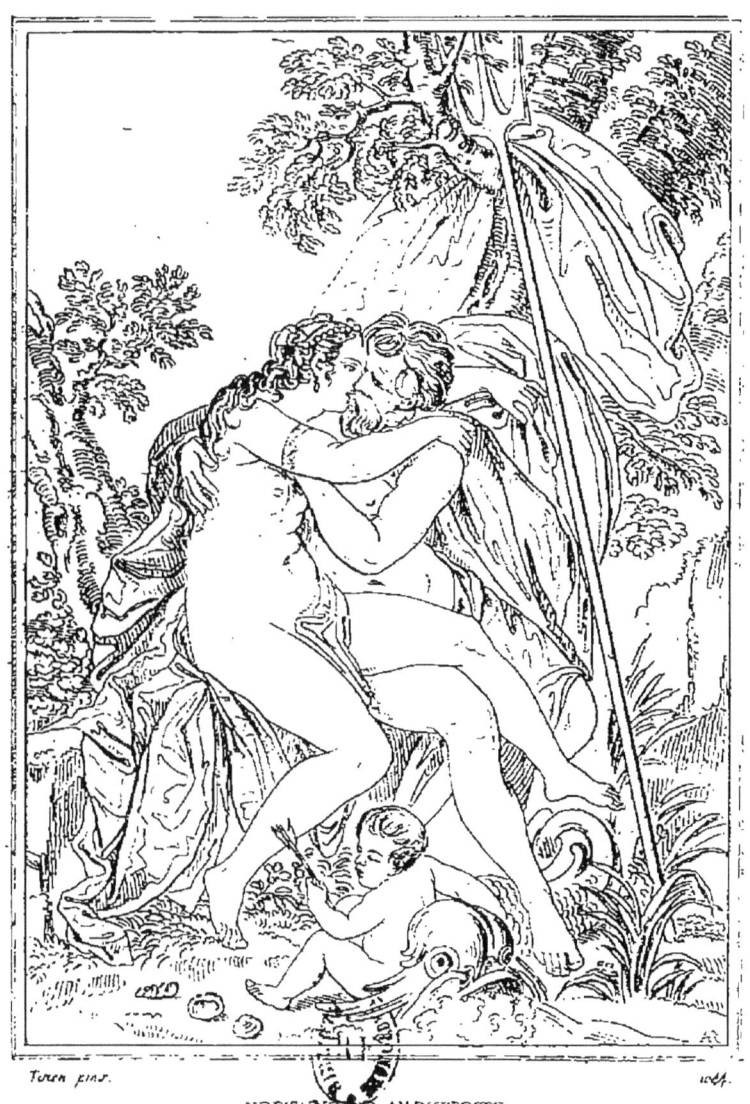

Turen pins.

NEPTUNE ET AMPHITRITE

1084.

NEPTUNE ET AMPHITRITE.

Ce tableau de Neptune et Amphitrite peint par Titien, est le huitième de la suite des Amours des dieux, au château de Blenheim.

Les peintres se sont rarement occupés de retracer les amours de Neptune, et en les donnant ici l'artiste a représenté le dieu de la mer donnant ses caresses à Amphitrite, sa légitime épouse. C'est une chose d'autant plus remarquable que les mythologues, au contraire, ont habituellement traité les amours illicites des dieux de la fable, soit avec les déesses', soit avec de simples mortelles.

Le trident que Neptune a déposé près de lui est le plus caractéristique de ses attributs. Il lui fut donné par les Cyclopes, en reconnaissance de ce qu'il avait aidé son frère Jupiter à renverser le trône de Saturne. Quelques critiques ont voulu voir dans ses trois pointes une allégorie aux trois sortes d'eaux qui forment l'empire de Neptune, savoir : les eaux de la mer qui sont salées, les eaux des fontaines qui sont douces de leur nature, et celles des étangs qui tiennent un peu des unes et des autres. Il est plus naturel de penser que l'on a armé le dieu des eaux, d'un instrument semblable à celui dont se servent encore les pêcheurs grecs, et dont on trouve l'emploi chez les anciens, dans la célèbre mosaïque de Palestrine, si bien décrite par l'abbé Barthélemy.

Haut., 11 pieds; larg., 7 pieds 4 pouces.

NEPTUNE AND AMPHITRITE.

Titian's picture of Neptune and Amphitrite, is the eighth of the collection of the loves of the Gods, and which is at Blenheim.

Painters have but seldom depicted the amours of Neptune, and in presenting the subjet here, the artist has represented the God of the sea, as bestowing his caresses upon Amphitrite, his legitimate consort. This circumstance is the more remarkable, as the mythologists have constantly treated of the illicit amours of the fabled Deities, either with the Goddesses, or with mere mortals.

The trident which Neptune has placed near him, is the high characteristic of his attributes, it being given him by the Cyclops in acknowledgment for having aided his brother Jupiter, to destroy the power of Saturn. Certain critics have wished to establish in these three points, an allegory as to the three sorts of water which form the empire of Neptune, namely, the waters of the sea, which are salt, the waters of fountains, which are sweet in their nature, and those of ponds, which partake a little of both. It is more natural to suppose, that the God of the waters should be armed with an instrument similar to that used by greek fishermen at this time, and which was in use among the ancients according to the celebrated mosaic of Palestrine, so well described by l'Abbé Barthelemy.

Height, 11 feet 9 inches; breadth, 7 feet 9 inches.

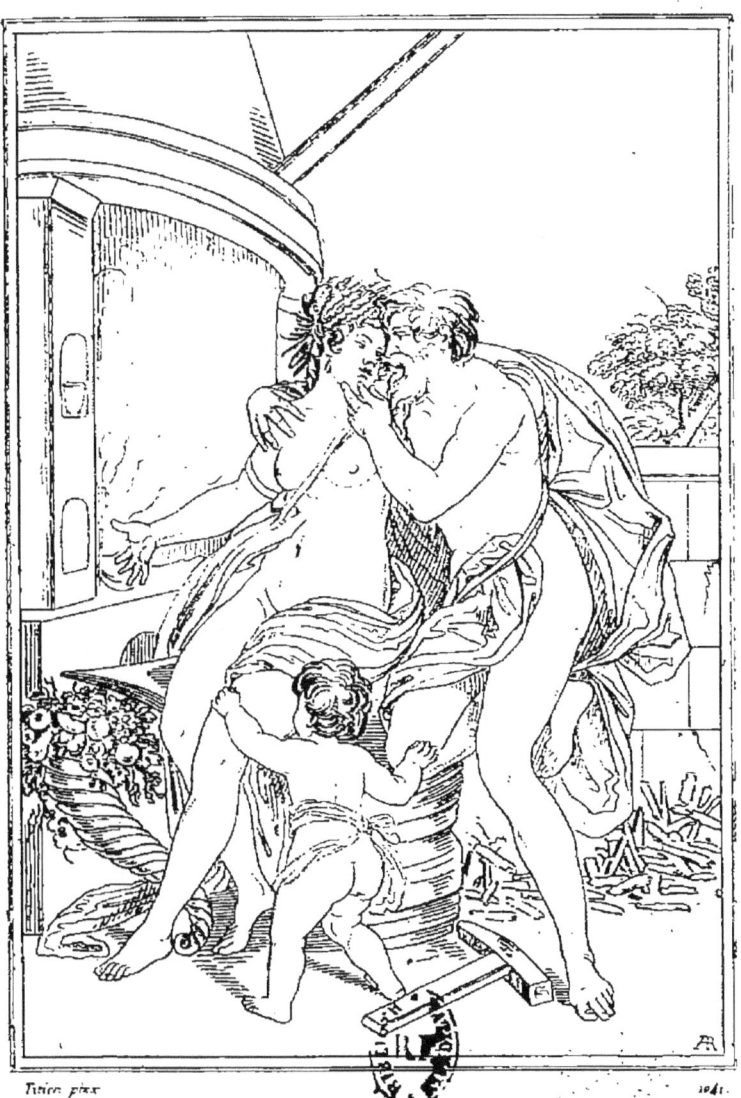

1041.

VULCAIN ET CÉRÈS.

VULCAIN ET CÉRÈS.

Les épis dont est couronné la tête de la déesse, ainsi que la corne d'abondance placée à ses pieds, indiquent bien Cérès. La forge, l'enclume et un marteau sont des symboles suffisans pour faire reconnaître Vulcain. Cependant le peintre Titien a cru pouvoir donner un indice de plus, et la pose dans laquelle il a placé le dieu du feu, est de nature à rappeler qu'une chute l'avait rendu boiteux.

Une autre observation à faire à l'égard de cette composition, c'est la singularité de voir Cérès et Vulcain s'abandonnant ensemble aux douces impulsions du dieu de Cythère, quoique aucun poète de l'antiquité ne nous ait transmis de détails relatifs aux amours de ces deux personnages de l'Olympe. On ne connaît même qu'un passage d'auteur ancien où ces deux divinités se trouvent seules ensemble. Un scoliaste d'Apollonius de Rhodes, dans une remarque relative à l'île de Drépane, dans la mer Ionienne, rapporte que Cérès vint demander à Vulcain de fabriquer une faucille avec laquelle elle pût enseigner aux Titans l'art de moissonner. Mais de là peut-on inférer que le dieu des arts ait exigé de la déesse des moissons un prix aussi exorbitant, en échange des produits de son talent. Si cela était ne faudrait-il pas rapprocher ce fait du moment ou Cérès, après s'être métamorphosée en jument, ne put cependant résister aux poursuites de Neptune, et en conclure que c'est une ingénieuse allégorie, pour faire entendre que la terre ne peut devenir féconde, qu'avec le secours de la chaleur et de l'humidité.

Ce tableau est le cinquième dans la chambre de Blenheim, où ils sont placés.

Haut., 11 pieds ; larg., 7 pieds 4 pouces.

VULCAN AND CERES.

The ears of corn, with which the head of the Goddess is crowned, as also, the cornu-copia at her feet, are sufficiently indicative of Ceres. The forge, the anvil, and a hammer, are sufficient symbols to recognize Vulcan. Titian has however given another indication by the position in which he has placed the God, which reminds as, that a fall had rendered him lame. Another observation may be made with respect to this composition, which is the singularity observable in seeing Ceres and Vulcan, abandoning themselves to the soft impulsions of the God of Cytherea, although no poet of antiquity, has given us any account of the loves of these two personages of Olympus. Only one passage of a certain ancient author, speaks of these two Divinities being found together. A disciple of Apollonius of Rhodes, in a remark relative to the island of Drepana, in the Ionian sea, relates, that Ceres came to Vulcan to ask him to make a reaping hook, with which she might instruct the Titans in the art of reaping. But can we infer from thence, that the God of Arts should have required of the Goddess of harvests, so exorbitant a price in exchange for his talent. If it were so, ought we not to consider the intimacy as taking place at the time when Ceres after metamorphosing herself into a mare, could not however resist the addresses of Neptune. We may conclude from this, an ingenious allegory, that the earth cannot become fruitful, without the aid of heat, and moisture.

This picture is the fifth in the hall at Bleinheim where it is placed.

Height, 11 feet 9 inches ; breath, 7 feet 9 inches.

1041.

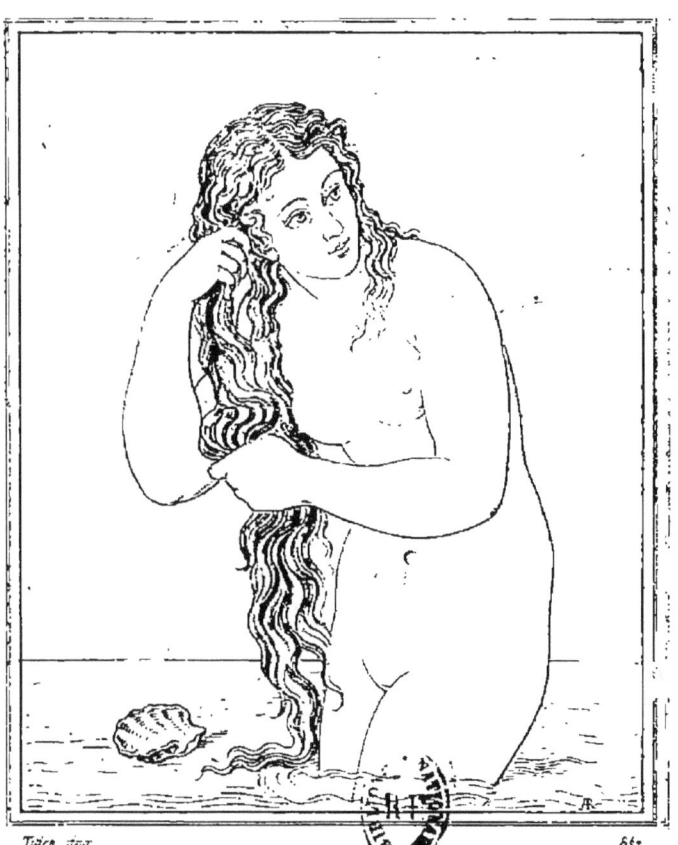

652.

VÉNUS ANADYOMÈDE.

VÉNUS ANADYOMÈNE.

Titien a représenté ici Vénus *Aphrodite*, c'est-à-dire, née de l'écume que produisit, sur la mer, la mutilation d'Uranus. La déesse est à peine sortie de l'élément humide, et déjà elle pense à sa parure : elle presse ses cheveux pour en faire sortir l'onde amère, bientôt elle va les faire servir à relever sa beauté, en les parfumant et les arrangeant avec grâce autour de sa tête.

Ce tableau est l'un des plus beaux et des plus précieux qu'ait produits le Titien ; il est de la plus parfaite conservation. Aucun autre ouvrage de ce peintre ne peut donner une meilleure idée de la haute perfection à laquelle il parvint dans l'art de la couleur, vraisemblablement par les moyens les plus simples et les plus naturels. Rien dans cette peinture n'est surchargé ou trop clair ; rien n'y est contraire aux vrais principes de la nature.

Ce précieux tableau, connu sous le nom de Vénus à la Coquille, appartint autrefois à la reine Christine de Suède, de-là il vint dans la galerie d'Orléans, passa ensuite en Angleterre, où il fut payé vingt mille francs, par le duc de Bridgewater ; il se trouve maintenant dans la salle à manger de lord Stafford à Cleveland-House.

Augustin de Saint-Aubin a gravé ce tableau pour la galerie du Palais-Royal.

Haut., 2 pieds 3 pouces ; larg., 1 pied 10 pouces.

VENUS ANADYOMENE.

Titian has here represented the Venus *Aphrodite,* or Venus sprung from the foam of the sea produced by the amputated member of Uranus. The Goddess , just risen above the watery element , is already thinking of dress. She is pressing the brine from her hair, which soon, by the aid of perfumes and graceful arrangement, will become one of the brightest ornaments of her person.

This picture, one of the most beautiful and precious of Titian's works, is in a state of perfect preservation. No production of that artist better exemplifies his unrivalled excellence in colouring, attained, probably, by very simple means : there is nothing in the colouring of this piece either over-charged or defective in tone; nor any thing in the execution generally, contrary to the true principles of art.

This invaluable work, which is known by the name of the Venus *à la Coquille* (Venus with the Shell), after belonging successively to the Queen of Sweden, and to the Orleans Gallery, was carried to England, and purchased by the Duke of Bridgewater, for 800 pounds (20,000 fr.); it is now in Lord Stafford's dining-hall, at Cleveland-house.

It has been engraved, for the gallery of the *Palais-Royal*, by Augustin de St. Aubin.

Height, 2 feet 4 inches; width, 1 foot 11 inches .

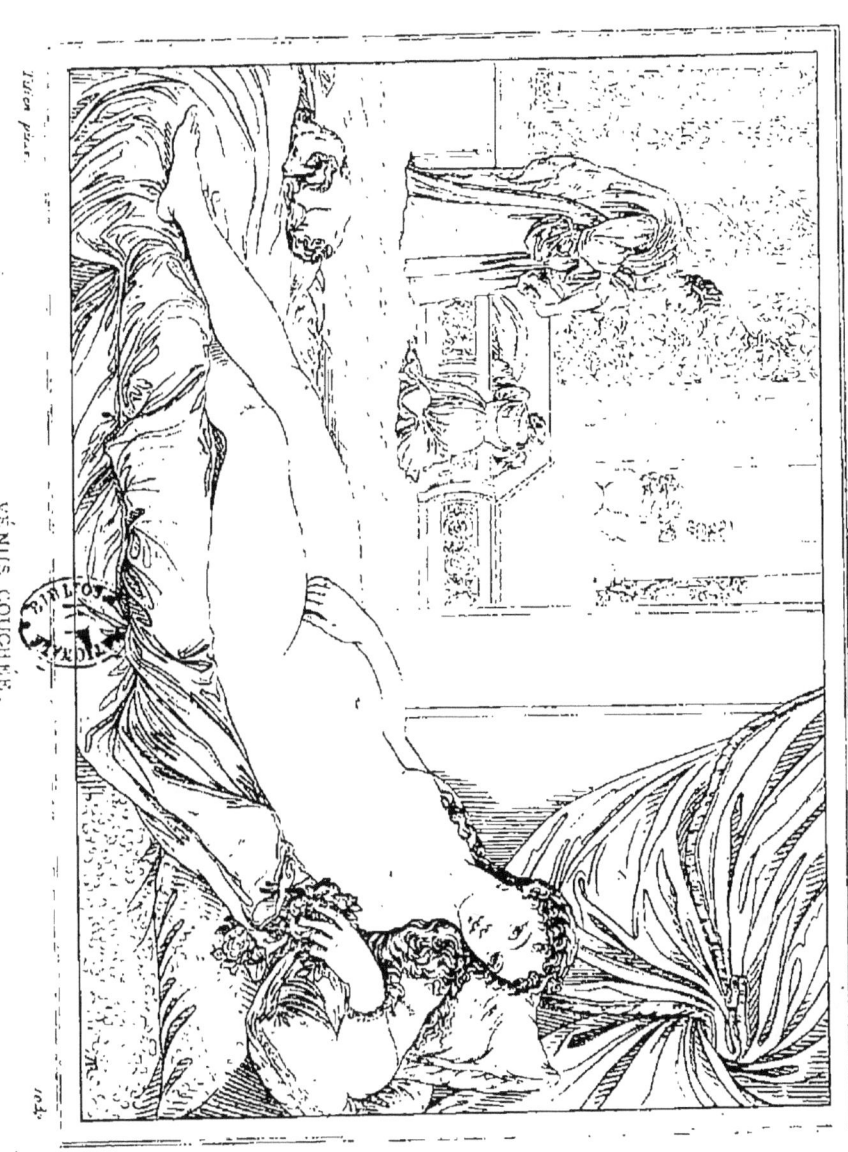

VÉNUS COUCHÉE.

VÉNUS COUCHÉE.

Ainsi que nous l'avons déjà dit ailleurs, on a souvent regardé comme des scènes mythologiques, ce qui n'était qu'une simple étude académique, ou un portrait. C'est ce que l'on peut remarquer dans cette figure, désignée sous le nom de Vénus couchée, tandis que certainement c'est le portrait d'un personnage, dont le nom, il est vrai, nous est inconnu. Mais la décoration de l'appartement, ainsi que le costume des deux femmes que l'on aperçoit occupées à ranger quelques vêtemens dans un grand *bahut*, indiquent assez que le peintre n'a voulu nous transporter, ni dans l'Olympe, ni dans l'île de Chypre; mais qu'il nous laisse tout simplement à Venise, où il a eu l'occasion de faire le portrait d'une dame, dont le corps pouvait bien être d'une grande beauté, mais dont la physionomie n'a pas la pureté de traits, que les anciens ont donné à leurs statues de Vénus.

Ce tableau se trouve à Florence au palais Pitti, il a été gravé par Robert Strange, en 1768.

Largeur, 7 pieds; hauteur 4 pieds.

VENUS RECUMBENT.

As we have already observed elsewhere, a mere academic study, or a portrait, as been often mistaken for a scene in Mythology. This may be observable in this figure, designated under the name of Venus recumbent, whereas, it is certainly the portrait of a person, whose name it is true, is unknown to us. But the decoration of the apartment, as well as the dress of two women, whom we perceive busy in arranging some clothes in a large trunk, sufficiently indicate, that the painter has not desired to transport us either to Olympus, or to the isle of Cyprus, but that he merely leaves us at Venice, where he had occasion to paint the portrait of a Lady, whose body was undoubtedly of great beauty; but whose countenance does not possess that purity of features, that the ancient sculptors have given to their statues of Venus.

This picture is seen at Florence at the Pitti palace, and has been engraved by Robert Strange, in 1768.

Breath, 7 feet 5 inches; height, 4 feet 3 inches.

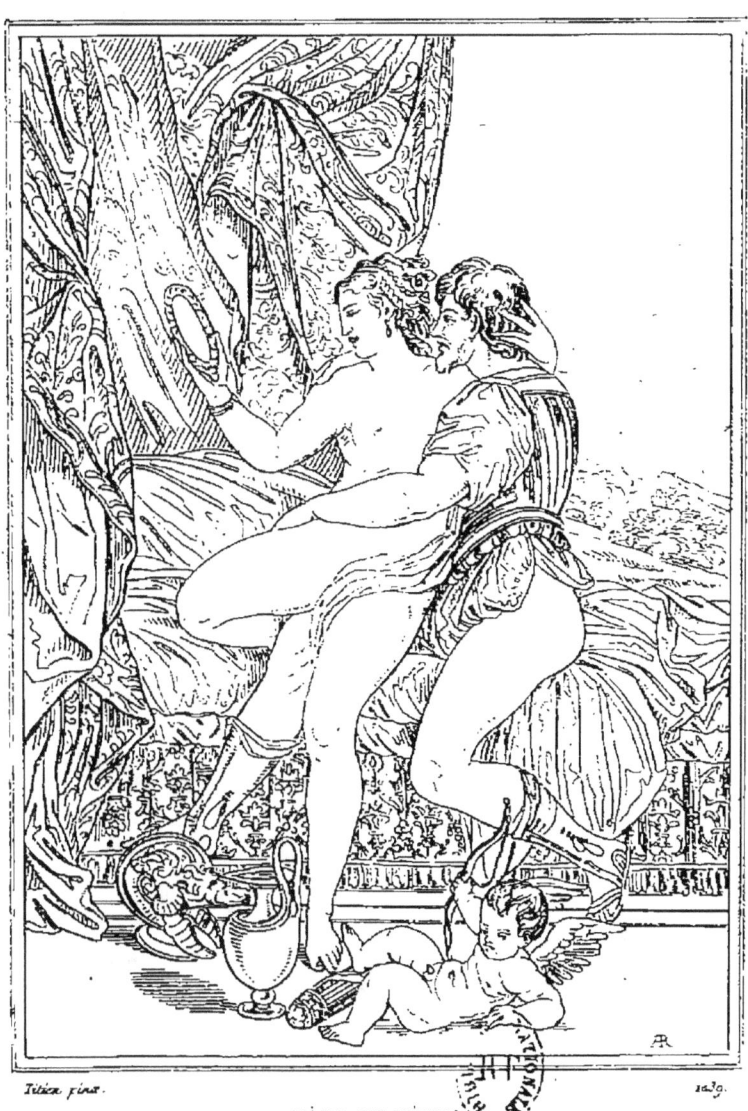

Titien pinx.   1819.

MARS ET VÉNUS.

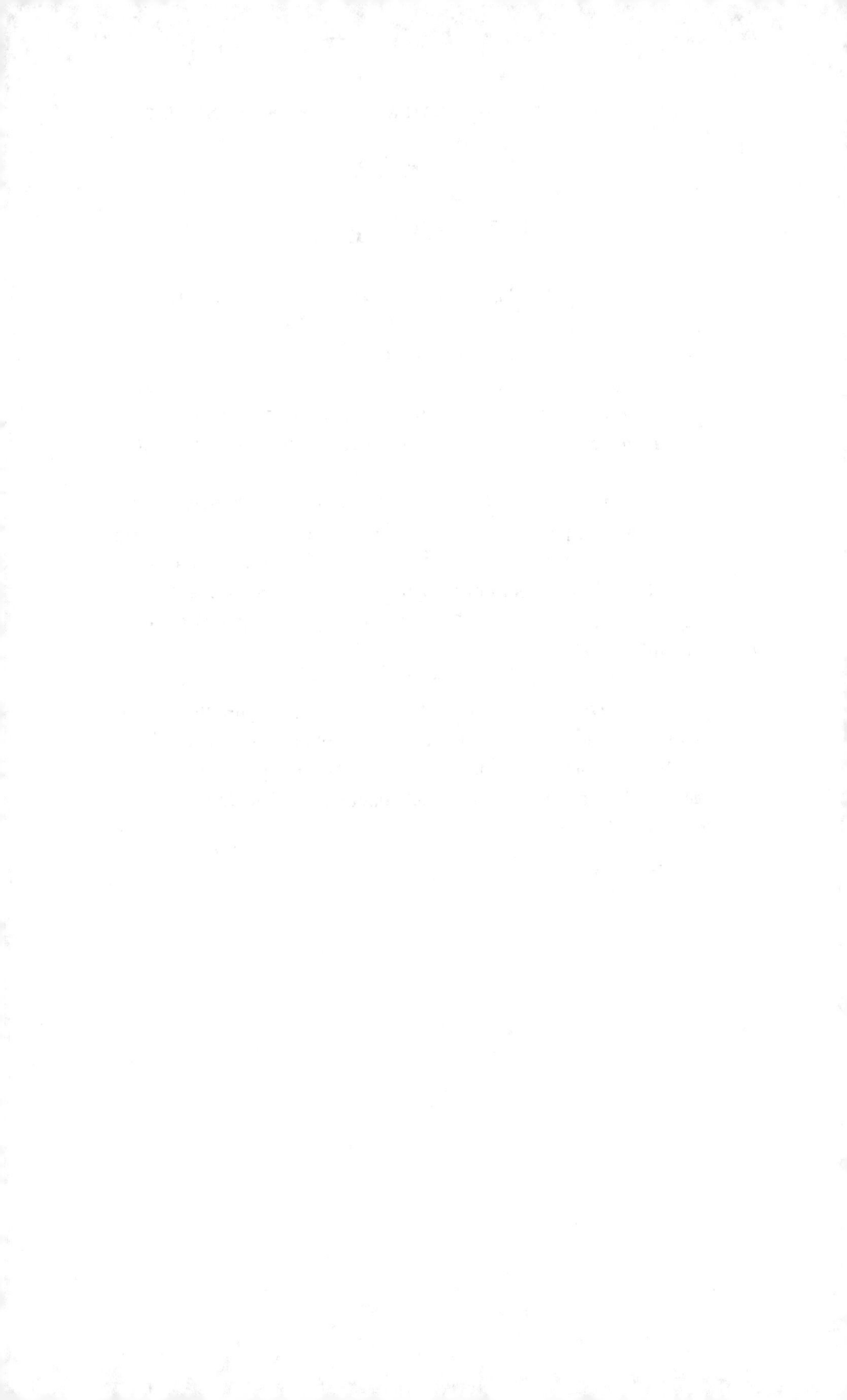

MARS ET VÉNUS.

En retraçant les Amours des dieux, Titien devait naturellement commencer par celles de Mars et de Vénus. La Déesse de
la beauté convenait parfaitement a son pinceau, dont le coloris était, comme on sait, bien plus brillant lorsqu'il avait à
peindre des femmes. Mais, dans la crainte de donner une comparaison trop facile en représentant un guerrier grec, il a
donné au Dieu de la guerre le costume d'un gentilhomme
vénitien du XVIᵉ siècle. Le lit, ainsi que les draperies dont
il est orné rappellent aussi, le goût des étoffes en usage à cette
époque. Une rose est mise dans la coiffure de la déesse et
semble y être placée, pour faire voir que, dans toutes les cir-
constances, les fleurs sont la parure la plus naturelle de la
beauté.

Ce sujet est le premier de la suite des tableaux peints sur
cuir, par Titien, et donnés par le roi de Sardaigne au célèbre
Jean Churchill duc de Marlborough, placée maintenant au
château de Blenheim dans la dernière pièce, près du théâtre.
Elle a été gravée en mezzo-tinte, par Jean Smith, dans les années 1708 et 1709.

Haut., 11 pieds; larg., 7 pieds 4 pouces.

ᴐᴼᴁ

MARS AND VENUS.

In painting the loves of the Gods, Titian was naturally obliged to begin with those of Mars and Venus. The Goddess of beauty, suited perfectly the pencil of this artist, whose style of colouring, as is known, became much more brilliant when he painted women. But under the fear of giving too easy a comparison, by representing a greek warrior, he has clothed the God of war in the costume of a Venetian gentleman of the 16th century. The bed, as well as the drapery with which it is ornamented, call to mind also, the stuffs in use at that time. A rose is placed in the head-dress of the Goddess, and seems to be placed there, to indicate that flowers are ever the most natural ornament of beauty.

This picture forms the first of the collection of Titian's paintings, given by the king of Sardinia, to the celebrated John Churchill, Duke of Marlborough, they are now at Blenheim, in the last room near the theatre.

This collection has been engraved in mezzo-tinto by John Smith in the years 1708 and 1709.

Height, 11 feet 9 inches; breadth 7 feet 10 inches.

VENUS ET ADONIS

VÉNUS ET ADONIS.

Ovide, dans ses *Métamorphoses*, rapporte qu'Adonis inspira tant d'amour à Vénus, que cette déesse, qui jusque-là ne s'é-tait occupée que du soin de sa beauté et de sa parure, aban-donna les séjours de Cythère et de Paphos pour courir à tra-vers les rochers et les montagnes, et suivre sans cesse celui qu'elle aimait par dessus tout. Mais la tendresse d'Adonis n'égalait pas celle de Vénus, l'ardeur qu'il avait pour la chasse le rendait insatiable, et la déesse, accablée de fatigue, avait besoin de repos. Elle consentit donc à laisser Adonis aller seul à la chasse : « Mais au moins, lui dit-elle, ne faites paraître votre adresse que contre les bêtes qui fuient devant le chasseur, et n'attaquez jamais celles à qui la nature a donné des armes pour se défendre; n'exposez pas vos jours, la gloire que vous pourriez en acquérir me coûterait trop de crainte. »

Titien, dans ce tableau, a représenté l'instant où la déesse des amours cherche encore à retenir près d'elle l'amant qu'elle ne doit plus revoir, et sa figure semble annoncer un triste pres-sentiment. Quant à la tête d'Adonis, elle est le portrait de Phi-lippe II, roi d'Espagne, encore fort jeune, pour qui ce tableau a été fait. Le coloris est très vigoureux, et il donne une haute idée du talent du Titien.

Ce tableau a été gravé par Strange; il faisait partie du ca-binet de M. Angerstein, donné en entier par cet amateur au *British-Museum*.

Larg., 5 pieds 10 pouces; haut., 5 pieds 5 pouces.

313.

VENUS AND ADONIS.

Ovid, in his Metamorphoses, relates that Adonis inspired Venus with so ardent a love, that the goddess, who, until then, had only attended to the care of her beauty, and to decking herself, left the abodes of Cytherea and of Paphos to cross the rocks and mountains, and constantly follow the youth whom she so tenderly loved. But the affection of Adonis was not equal to that of Venus : his ardour for the chase was unbounded, while the goddess, overpowered by fatigue, had need of repose. She therefore consented to let Adonis go alone to the chase : « But at least, said she to him, display your dexterity only against the beasts that avoid the huntsman, and never attack those to which nature has given arms to defend themselves : do not expose your life, for the glory that you might acquire thereby, would cause me too much anxiety. »

Titian, in this picture, has represented the moment when the goddess of beauty is yet endeavouring to detain the lover whom she is to meet no more, and her countenance seems to indicate this sad presentiment. As to the head of Adonis, it is the likeness of Philip II, King of Spain, who was then very young, and for whom this picture was made. The colouring is very vigorous, and gives a lofty idea of Titian's talent.

This picture has been engraved by Strange : it formed part of M. Angerstein's collection, the whole of which has been ceded, by that amateur, to the British National Gallery.

Width, 6 feet 2½ inches; height, 5 feet 9 inches.

VENUS

BINDING THE EYES OF LOVE.

Notwithstanding the mythological title of this picture , it may be presumed, from the character of the head, that it is the portrait of a real person ; whom Titian , agreeably to the practice of his day , has clothed with ideal attributes and represented as Venus, accompanied by Loves, and by attendants, who have possessed themselves of the bow and quiver of the fickle God.

This picture is in the Borghese palace, at Rome. It was designed by Strange , in 1764, and engraved by him, while in London , in 1769.

871.

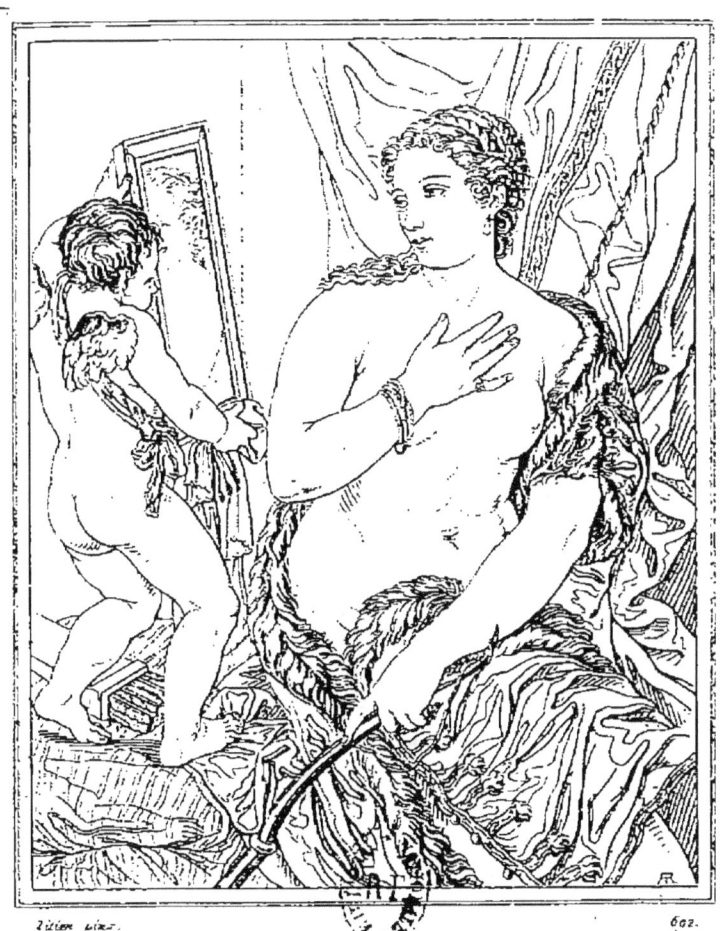

Titien pinx.   602.

VÉNUS SE MIRANT.

VÉNUS SE MIRANT.

En laissant à ce tableau la dénomination de Vénus, nous devons être excusés par l'usage, et aussi par des attributs qui distinguent suffisamment la déesse de la beauté, un miroir et l'Amour. L'arc que la déesse tient à la main est nécessairement celui de l'Amour, dont le carquois est placé à la droite du tableau, car la gravure est en sens inverse.

Cependant on doit penser que le peintre a fait ici le portrait d'une personne, qui sans doute n'eut pas d'autre célébrité que celle de sa beauté, et dont le nom a passé en même temps qu'elle.

Malgré la dégradation qu'a souffert ce tableau dans quelques parties, il rappelle cependant le grand talent du Titien. Il appartint autrefois à la reine Christine de Suède, passa depuis dans la galerie du Palais-Royal, et fut acheté 7,500 fr. par le comte de Darnley, auquel il appartient maintenant.

Il existe de ce tableau une gravure faite par Leybold.

Haut., 3 pieds 8 pouces ; larg., 3 pieds 1 pouce.

VENUS AT HER MIRROR.

In adopting for this picture the name of Venus we are justified by custom, as also by the attributes which sufficiently distinguish the goddess of beauty, Cupid and a Looking-glass. The bow held by the goddess, of course, is Love's, whose quiver is placed on the right of the painting, for the print is reversed.

It is however thought that the painter has here given the portrait of some person who, no doubt had no other celebrity than that of her beauty, and whose name has been forgotten as soon as that faded away.

Notwithstanding the injuries this picture has sustained, in parts, still it recals Titian's great talent. It formerly belonged to Queen Christina of Sweden, got into the Gallery of the Palais-Royal, and was purchased for 7,500 franks, or L. 300, by Lord Darnly, to whom it now belongs.

There exists an engraving of this picture by Leybold.

Height 3 feet 10 ½ inches; width 3 feet 4 inches.

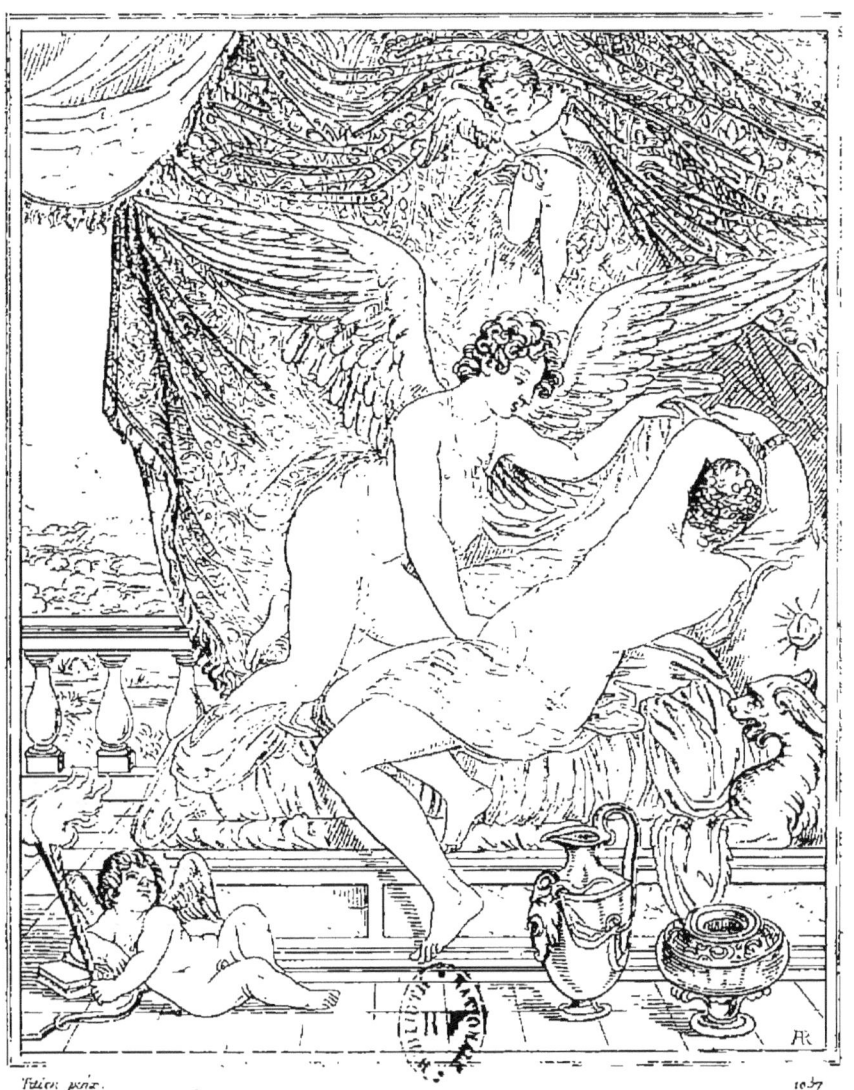

Titien pinx.

1037

L'AMOUR ET PSYCHÉ

AMOUR ET PSYCHÉ.

Cette composition, l'une des plus agréables de la suite des Amours des dieux, est le second tableau dans l'ordre où ils sont placés, au château de Blenheim. Outre la couleur et le clair-obscur qui, comme on sait, sont les traits caractéristiques du Titien, le peintre s'est encore fait remarquer ici, par une grande pureté de dessin et une grâce, qui semblent en effet devoir être plus particulièrement le partage de l'Amour et de Psyché.

La jeune princesse, après avoir passé la première nuit avec l'Amour, s'empressa dès son réveil, de parcourir le palais pour en connaître les beautés; chaque pas lui procurait de nouvelles surprises, et son admiration était au comble. Le poëte Apulée dit même ne pouvoir énumérer toutes les merveilles qu'elle voyait. Il se contente de parler d'une tenture en tapisseries composée de six pièces; elle était remarquable par son travail relevé d'or, et encore plus par les sujets qu'elle représentait puisque c'était l'histoire de l'Amour.

Dans la sixième de ces pièces; « Ce dieu, quoiqu'il eût sujet d'être fier des dépouilles de l'univers, s'inclinait devant une personne de taille parfaitement belle, et qui témoignait à son air une très-grande jeunesse. C'est tout ce qu'on en pouvait juger, car on ne lui voyait pas le visage, et elle avait alors la tête tournée, comme si elle eût voulu se débarrasser d'un nombre infini d'Amours qui l'environnaient. L'ouvrier avait peint le dieu dans un grand respect, tandis que les Jeux et les Ris qu'il avait amenés à sa suite, se moquaient de lui en cachette, et se faisaient signe du doigt que leur maître était attrapé. »

Haut., 11 pieds; larg., 7 pieds 4 pouces.

1037.

CUPID AND PSYCHE.

This composition, one of the most pleasing in the collection of the Loves of the Gods, forms the second, in the order in which they are placed at Blenheim. In addition to the colouring, and distribution of light and shade, which, as is known, are the characteristic marks of Titian's style, he has here displayed great exactness of design, and a grace which seems particularly to belong to the subject of Cupid and Psyche.

The young princess, after having passed the first night with Cupid, hastened at her awaking to survey the palace, and to observe its beauties; each step affords her new surprise, and her admiration was at it's heigth. The poet Apuleus is not even able to enumerate all the wonders which she saw; he limits himself, to an account of some tapestry consisting of six subjects, which was remarkable for its workmanship in gold, and still more so, for the subjet selected, since it represented the history of Cupid.

In the sixth of these pieces, « This God although he had cause to be proud of the spoils of the universe, bowed himself before a person of form transcendently beautiful, and whose appearance, was that of extreme youth. This is all that can be known, as the face is not seen, the head being turned aside, as though wishing to disengage herself from a great number of little Cupids, which surround her. The artist had painted the God with all respect, whilst on the other hand, the sports, and smiles, which he had brought in his train, made jest of him from their hiding places, making a sign with their fingers that their master was ensnared. »

Height, 11 feet 9 inches; breadth, 7 feet 9 inches.

1037.

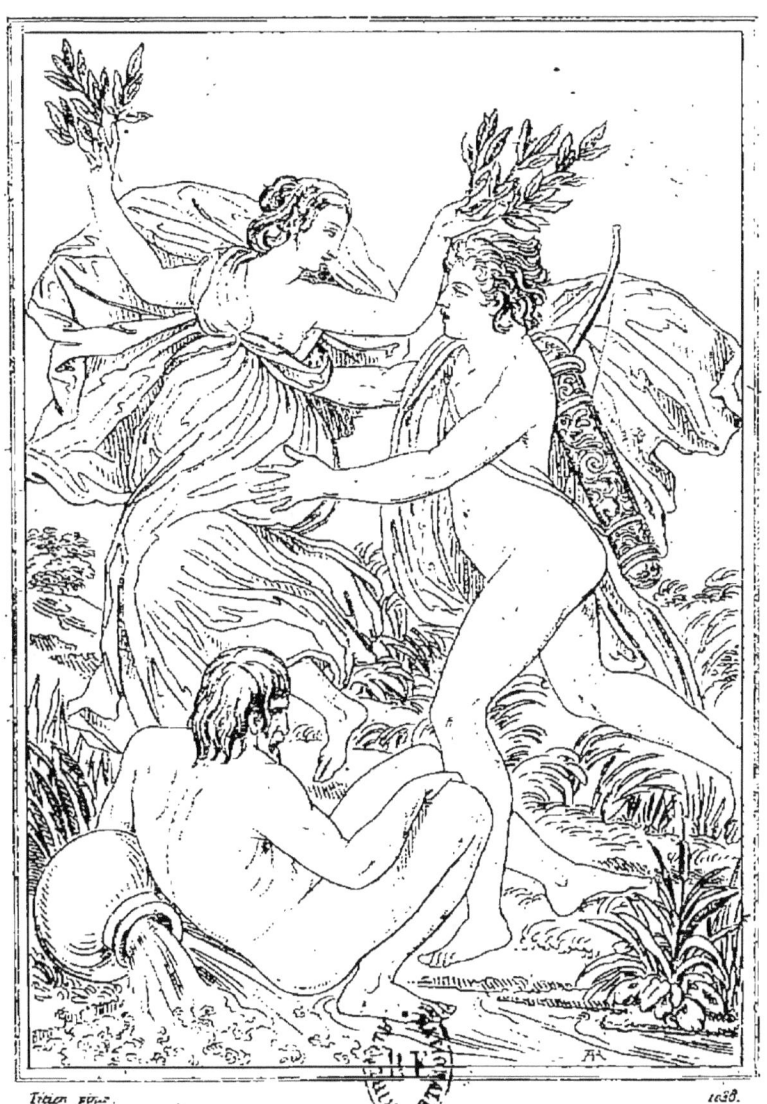

APOLLON ET DAPHNÉ.

1838.

APOLLON ET DAPHNÉ.

Parmi les nombreuses beautés qui charmèrent Apollon , le peintre, en choisissant Daphné, a sans doute voulu faire voir que celle qui la première touche un cœur, est aussi celle qui inspire l'amour le plus fort et le sentiment le plus durable.

On sait que le dieu de la poésie n'ayant pu se faire aimer de la belle Daphné, il la poursuivit avec ardeur, et que celle-ci fut changée en laurier, à l'instant ou elle arriva sur le bord du fleuve Pénée, son père.

L'explication de cette fable est assez facile à donner. Il est tout simple de penser que quelque prince ami des lettres, ou quelque prêtre d'Apollon, étant devenu amoureux de la fille du roi de Thessalie, et la poursuivant avec ardeur, la jeune princesse périt dans le fleuve, au bord du quel on vit ensuite croître un laurier, ce qui donna lieu de croire à cette métamorphose.

Il est à remarquer que ce tableau, le troisième des Amours des dieux, est le seul dans la composition duquel le peintre se soit abstenu de faire entrer une petite figure de l'Amour.

Haut., 11 pieds ; larg., 7 pieds 4 pouces.

APOLLO AND DAPHNE.

Amongst the numerous beauties who charmed Apollo, the painter in selecting Daphne, without doubt intended to shew, that the first passion which touches the heart is that which inspires the strongest and most durable feeling.

It is known tha ttbe God of Poetry not being able to succeed in making himself beloved by the beautiful Daphne, and pursuing her with ardour, she was changed into a laurel tree, as soon as she arrived at the edge of the River Peneus, her father.

The explanation of the fable may be easily given; it is probable that some prince who admired learning, or some priest of Apollo, becoming enamoured of the daughter of the king of Thessaly, pursued her with ardour; that the young princess perished in the river, on the border of which a laurel-tree was afterwards seen to grow, giving rise to the opinion of this metamorphosis. It is remarkable that this painting, the third of the loves of the Gods, is the only one of the collection, in which the artist has abstained from representing a little figure of Cupid.

Height, 11 feet 9 inches; breadth, 7 feet 9 inches.

1038.

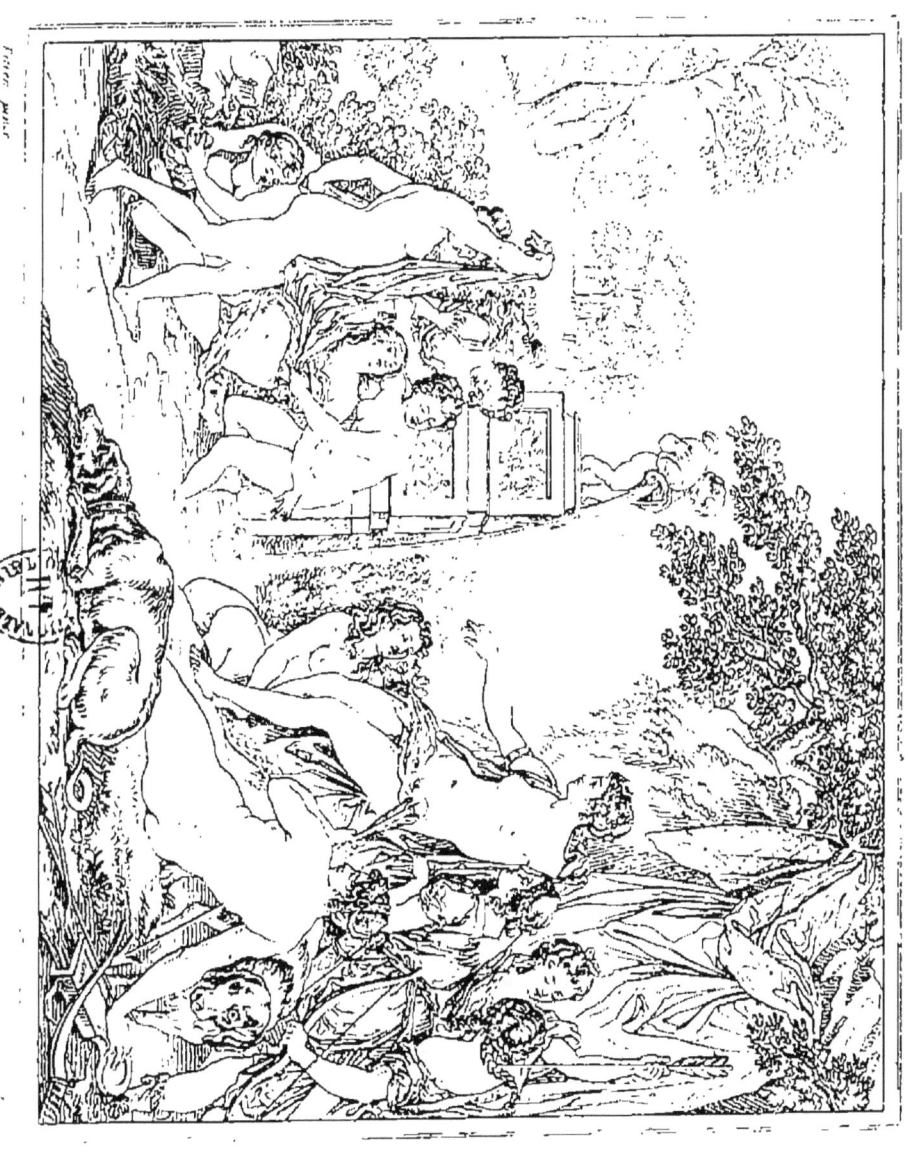

DIANE ET CALISTO.

Ovide rapporte que Diane, au retour de la chasse, entra dans un bocage frais, où un ruisseau coulait avec un doux murmure. Ayant mis les pieds dans l'eau, elle dit : « Nous voilà seules, l'eau est bonne, baignons-nous ici. » Toutes les nymphes ôtèrent leurs vêtemens, mais Calisto, craignant de laisser apercevoir sa grossesse, se tenait à l'écart et gardait ses habits. Ses compagnes vinrent à elle, et l'ayant déshabillée, sa nudité fit bientôt connaître à Diane, les effets de sa faiblesse pour Jupiter.

Titien réussissait mieux à peindre les figures de femmes que celles d'hommes, aussi a-t-il répété ce sujet plusieurs fois. Vasari rapporte qu'il peignit pour le roi d'Espagne Philippe II, Diane et Actéon, ainsi que Diane et ses nymphes. Ces deux tableaux sont encore au palais de l'Escurial. Il en existe deux pareils dans la galerie du Belvédère, à Vienne. Deux autres étaient dans celle du Palais-Royal; ils sont maintenant en Angleterre, chez le duc de Bridgewater, qui les paya 50 mille francs chacun.

Ils se trouvent quelques légères différences dans ces tableaux, mais chacun d'eux est d'une couleur brillante et d'un très-bel effet. Corneille Cort a gravé le tableau de l'Escurial, et Aliamet celui du Palais-Royal, que nous représentons ici.

Larg., 6 pieds 6 pouces ; haut., 5 pieds 10 pouces.

667.

DIANA AND CALISTO.

Ovid relates that Diana returning from the chase entered a cool grove, where a stream flowed with a sweet murmur. Putting her feet in the water, she said to her nymphs, We are alone, this water is delightful, let us bathe here. They all threw off their garments, excepting Calisto, who, afraid of making known her pregnancy, kept aside. Her companions came to her, and taking off her clothes, her nakedness soon imparted to Diana the result of the nymph's intrigue with Jupiter.

Titian succeeding better in painting female figures than those of men, has repeated this subject several times; and Vasari relates that he painted for Philip II, King of Spain, Diana and Actæon, as also Diana and her Nymphs: these two pictures are still in the Escurial Palace. There exist two similar ones in the Gallery of the Belvedere, at Vienna; and two others were in that of the Palais Royal: these last are now in England, in the possession of the Duke of Bridge-water, who purchased them for 50,000 franks, about L. 2,000.

There are some slight variations in these pictures, but each of them is of a bright colour and of a fine effect. Cornelius Cort engraved the Escurial picture, and Aliamet that of the Palais Royal, which we have given here.

Width 6 feet 11 inches; height 6 feet 2 inches,.

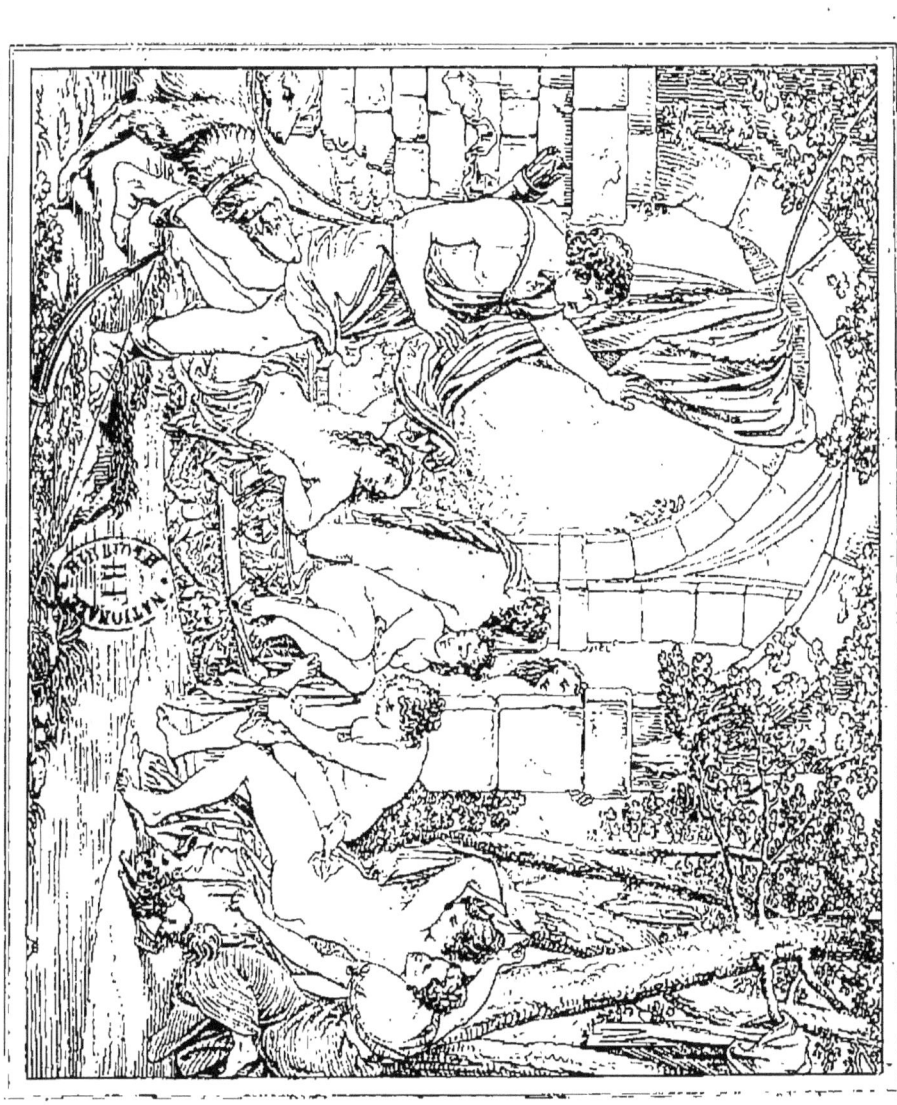

DIANE ET ACTÉON.

Nous avons cité, sous le n°. 593, le passage d'Ovide où ce poëte raconte, comment le chasseur Actéon surprit au bain Diane avec ses nymphes. Le Sueur dans son tableau s'est conformé à la simplicité du sujet. Titien a voulu enrichir la scène. Il a placé la déesse dans un bosquet touffu, près d'un portique voûté, sous lequel est une fontaine circulaire en marbre, enrichie de bas-reliefs.

Diane surprise cherche à se dérober à la vue du chasseur indiscret, mais elle n'a pu y réussir encore, non plus qu'aucune de ses nymphes, qui toutes sont entièrement nues. On peut admirer la beauté que le peintre a su donner à toutes ses figures, et particulièrement à celle de Diane. Les chairs et tous les accessoires ont une teinte verdâtre qui participe de ce qui les entoure. Le clair-obscur est magique, les nuances de lumière grandes et bien entendues; les attitudes naturelles et gracieuses; le ciel seul est brillant et contraste merveilleusement avec l'obscurité qu'occasionent les constructions et les arbres.

Ce tableau a été peint pour le roi Philippe II, et Titien avait alors 80 ans; il est pourtant d'une telle beauté que l'on ne peut aucunement y sentir la main d'un vieillard, on l'admire au contraire autant que les ouvrages de son meilleur temps. Il se trouve maintenant au musée de Madrid et a été lithographié par A. Blanco, dans la belle et curieuse collection publiée en 1826 par D. Joseph de Madrazo.

Larg., 3 pieds 10 pouces; haut 3 pieds 4 pouces.

DIANA AND ACTEON.

We quoted in nᵒ. 593 the passage of Ovid, where that poet relates the manner in which Acteon surprises Diana and her Nymphs, whilst bathing. Le Sueur in his picture conforms himself to the simplicity of the subject, but Titian has chosen to enrich the scene, and has placed the goddess in a thick grove, near a vaulted portico, under which, is a circular fountain in marble, enriched with basso relievo.

Diana taken by surprise, endeavours to conceal herself from the view of the indiscreet hunter, but has not as yet been able to succeed, any more than her nymphs, who are all perfectly naked.

The beauty which the painter has represented in all the figures, and particularly in that of Dianai, s worthy of admiration. The flesh as well as other objects, have a green-ish cast, occasioned by that which surrounds them, the obscure light has a magical effect, and the shades of light are imposing and well defined, as also, the attitudes of the figures natural and elegant; the sky alone is bright, and forms a' wonderful contrast with the gloom occasioned by the buildings and trees. This picture was painted for king Philip the second, and Titian was then 80 years of age, it is however of such extraordinary beauty, that the hand of an old man is by no means perceptible in it, on the contrary, it merits admiration, equally with his best performances.

It his now at the museum of Madrid, and has been engraved on stone by A Blanco in the beautiful and curious collection published in 1826 by D. Joseph de Madrazo.

Breadth 3 feet 12 inches ; ; heigth 3 feet 6 inches.

938.

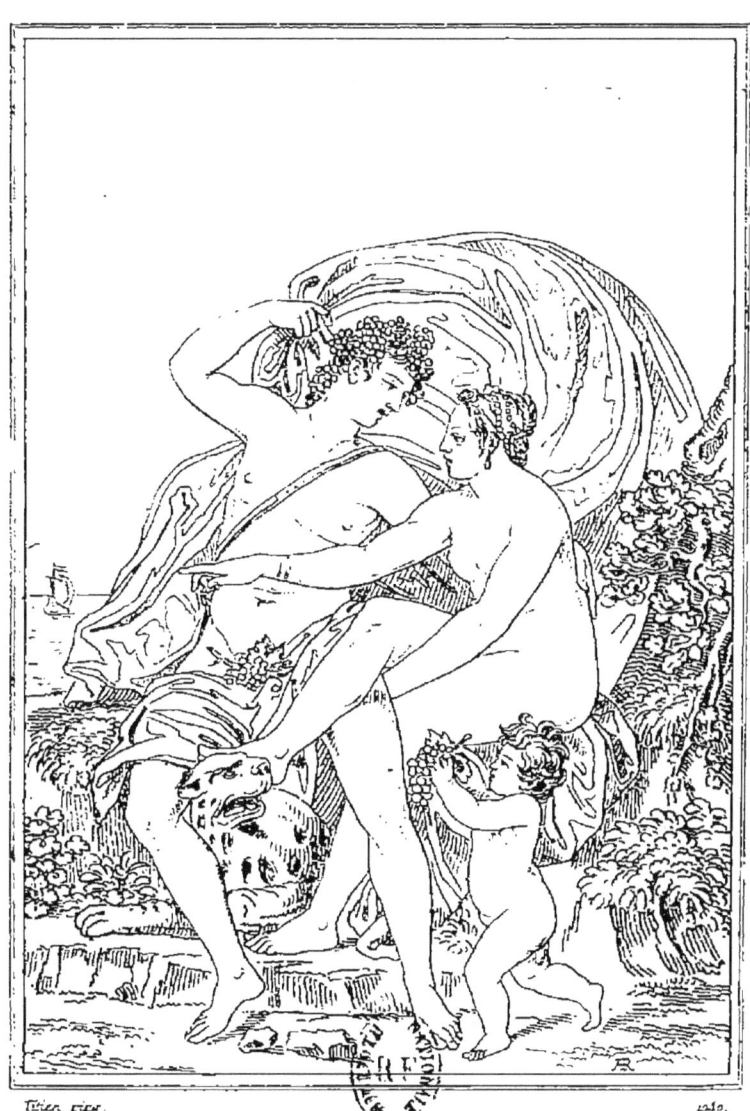

Titien pinx.   1540.

BACCHUS ET ARIANE.

BACCHUS ET ARIADNE.

C'est en revenant de la conquête de l'Inde, que Bacchus trouva, dans l'île de Naxos, la malheureuse Ariadne, abandonnée par Thésée. Le peintre dans ce tableau, qui est le sixième de la collection de Blenheim, a laissé apercevoir dans le fond le vaisseau de Thésée. Ariadne, encore émue de ce départ, indique par son geste que cet événement l'avait réduite au désespoir; mais déjà son chagrin semble se calmer. Les pressantes sollicitations de Bacchus ont ramené le calme dans le cœur de la belle délaissée.

La pose de la princesse est très-gracieuse, la figure du dieu est pleine de noblesse, et sa physionomie est des plus majestueuses.

Haut., 11 pieds; larg., 7 pieds 4 pouces.

BACCHUS AND ARIADNE.

It was in returning from the conquest of India, that Bacchus found the unfortunate Ariadne abandoned by Theseus, in the isle of Naxos. The artist, in this painting, which forms the sixth in the Blenheim collection, has exhibited the vessel of Theseus in the background. Ariadne moved by anguish at his departure, shews by her action, that this event had reduced her to despair; her sorrow however seems to subside, and the pressing sollicitations of Bacchus, have restored calm to the mind of the fair forsaken one.

The attitude of the princess is very pleasing, the figure of the God is full of dignity, and his countenance very majestic.

Height, 11 feet, 9 inches; breadth, 7 feet 9 inches.

1040.

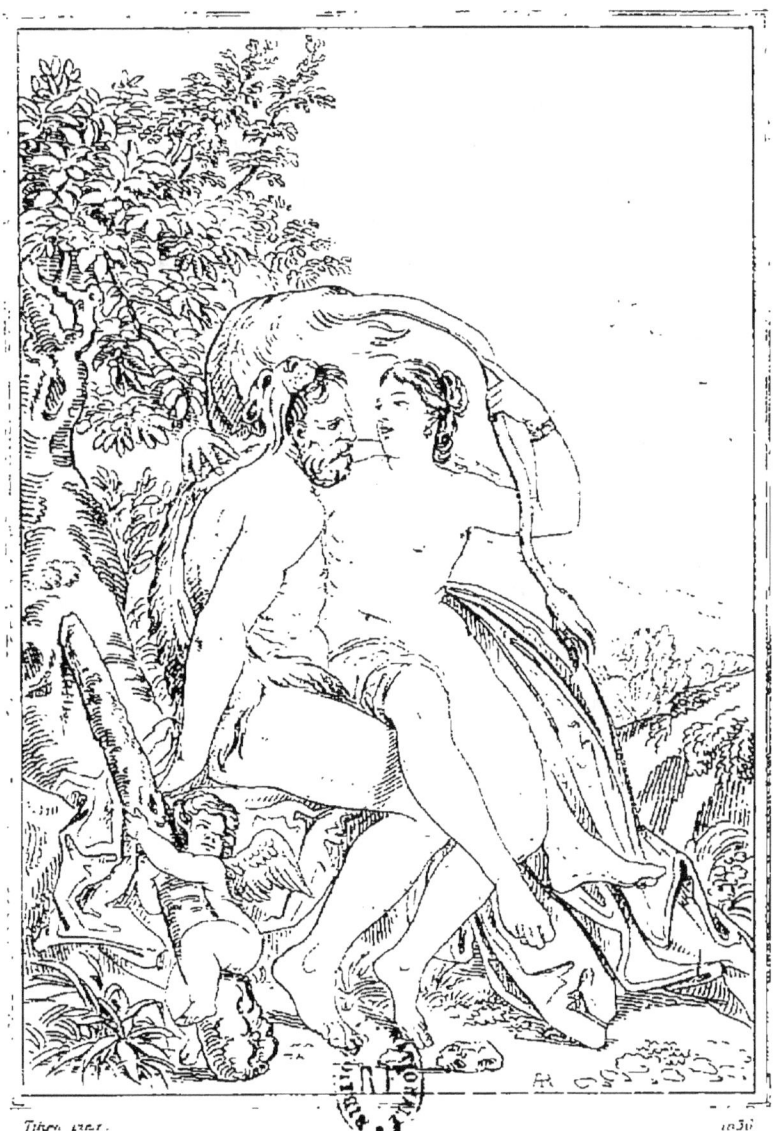

Titien pinx.   1836

HERCULE ET DÉJANIRE

HERCULE ET DÉJANIRE.

La grande beauté de Déjanire lui ayant attiré nombre de prétendans, Hercule et Achélous ne voulurent pas abandonner leur prétention, et se la disputèrent dans un combat où Hercule demeura vainqueur. Le héros devint par suite l'époux de Déjanire. Le couple heureux semble ici jouir des douceurs que l'amour leur inspire.

On est bien habitué à voir Hercule revêtu de la peau du lion de Némée; mais le peintre Titien a eu une singulière idée, en disposant cette dépouille, de manière à ce que la partie postérieure de l'animal se trouve élevée au-dessus de la tête des personnages, et que la queue du lion tombe dans la main de Déjanire.

Le paysage qui décore le fond du tableau fait un très-bon effet et rappelle le talent du peintre dans cette partie de l'art.

Haut., 11 pieds; larg., 7 pieds 4 pouces.

HERCULES AND DEJANIRA.

The great beauty of Dejanira having gained her many suitors, Hercules and Achelous refusing to yield up their respective claims, disputed for her in a combat in which Hercules came off victor

The hero afterwards became the spouse of Dejanira. The happy couple seem here to enjoy the delights that love ins_ pires them with. We are accustomed to see Hercules clad in the skin of the Nemean lion, but Titian has here had the singular idea, of so arranging the spoil, that the lower part of the animal is raised above the heads of the personages, and the tail of the lion falls into the hand of Dejanira.

The landscape which decorates the background of the picture, has a very fine effect, and reminds us of the artist's talent in this branch of the art.

Height, 11 feet 9 inches; breadth, 7 feet 9 inches.

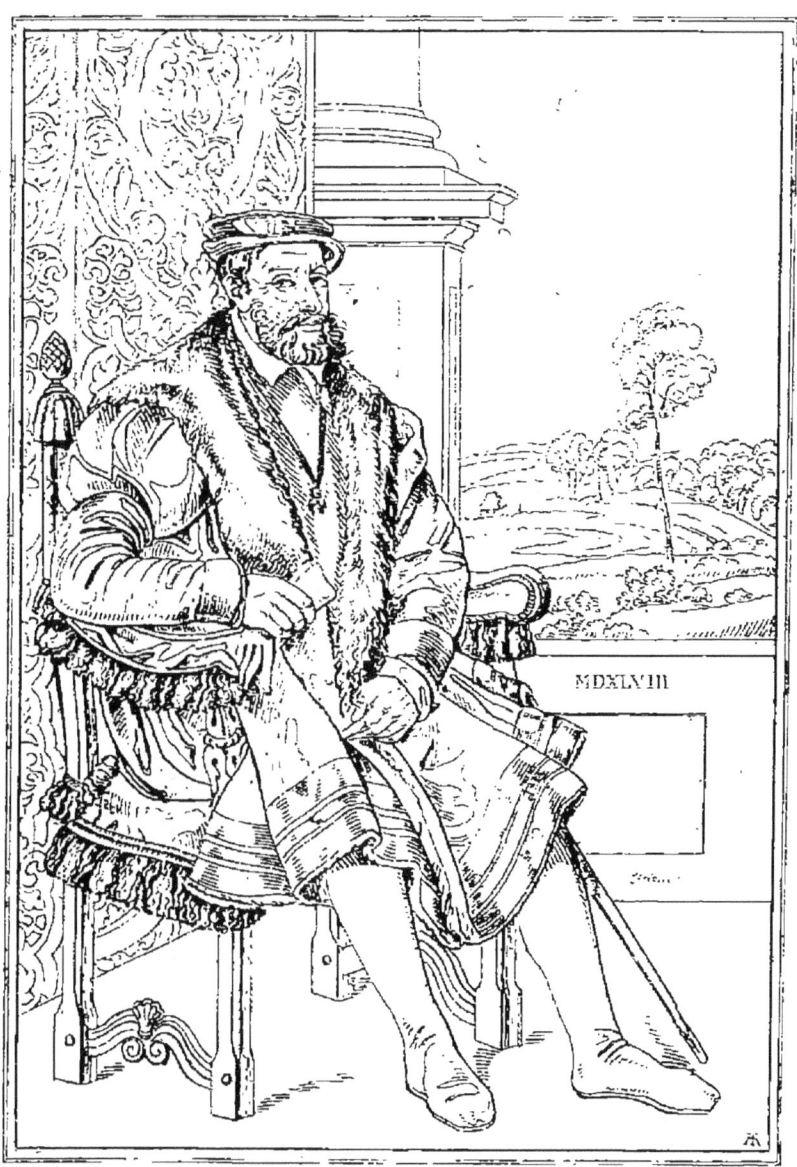

MDXLVIII

Tuez pas.   857

CHARLES QUINT

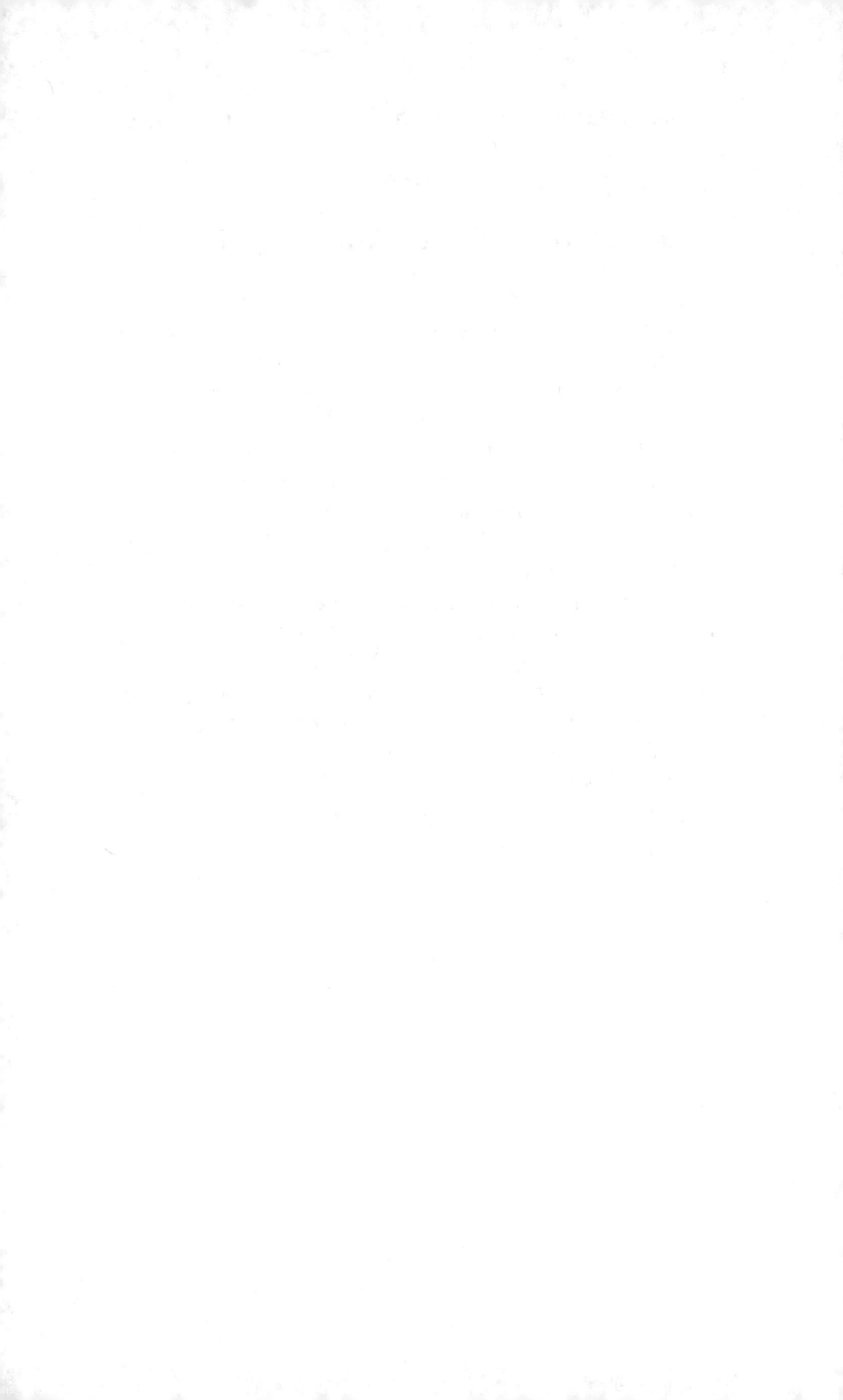

PORTRAIT DE CHARLES-QUINT.

Le talent qu'avait le Titien pour faire le portrait était si remarquable, que tous les grands personnages désiraient être peints par lui. L'empereur Charles-Quint lui fit faire son portrait trois fois, et le combla de biens et d'honneurs.

Le peintre a placé son personnage assis ; son vêtement noir est bordé de fourrure ; le calme de sa physionomie et sa pose tranquille semblent indiquer le repos où devait être le monarque, lorsqu'après avoir fait prisonnier l'électeur de Saxe, Jean-Frédéric, chef de la ligue Luthérienne, il croyait avoir rétabli la paix en Allemagne.

Le nom du peintre est tracé sur la fenêtre, ainsi que l'année 1548, époque où Titien vint à Rome. Il est à croire que ce portrait fit partie de la collection de Charles Ier., roi d'Angleterre. Vendu 3,800 fr. après la mort de ce prince, il fut acquis par l'électeur de Bavière, et se voit maintenant dans le palais de Schleissheim, près de Munich.

Il a été lithographié par W. Flachnecker.

Haut., 6 pieds 4 pouces ; larg. 3 pieds 9 pouces.

THE PORTRAIT OF CHARLES V.

Titian's talent for portrait painting was so remarkable, that all the great personages of his time were ambitious of having their likenesses taken by him. He executed three portraits of the Emperor Charles V., by whom he was loaded with wealth and honours.

In the picture here sketched, the Emperor is represented sitting, and clad in a black dress bordered with fur. The calmness of his physiognomy and attitude seems to indicate the repose he enjoyed, when, after making prisoner John Frederic , Elector of Saxony, the Chief of the Protestant League, he flattered himself that he had restored peace to Germany.

Titian's name is inscribed on the window, whith the date of 1568; the year in which he visited Rome. This picture is presumed to have belonged to the collection of Charles I. of England; after whose death it was purchased for the Elector of Saxony, for 152 pounds (3,800 francs); and it is now in the Palace of Schleissheim, near Munich: it has been lithographied by W. Flachnecker.

Height, 6 feet 8 inches ; width, 3 feet 11 inches.

887.

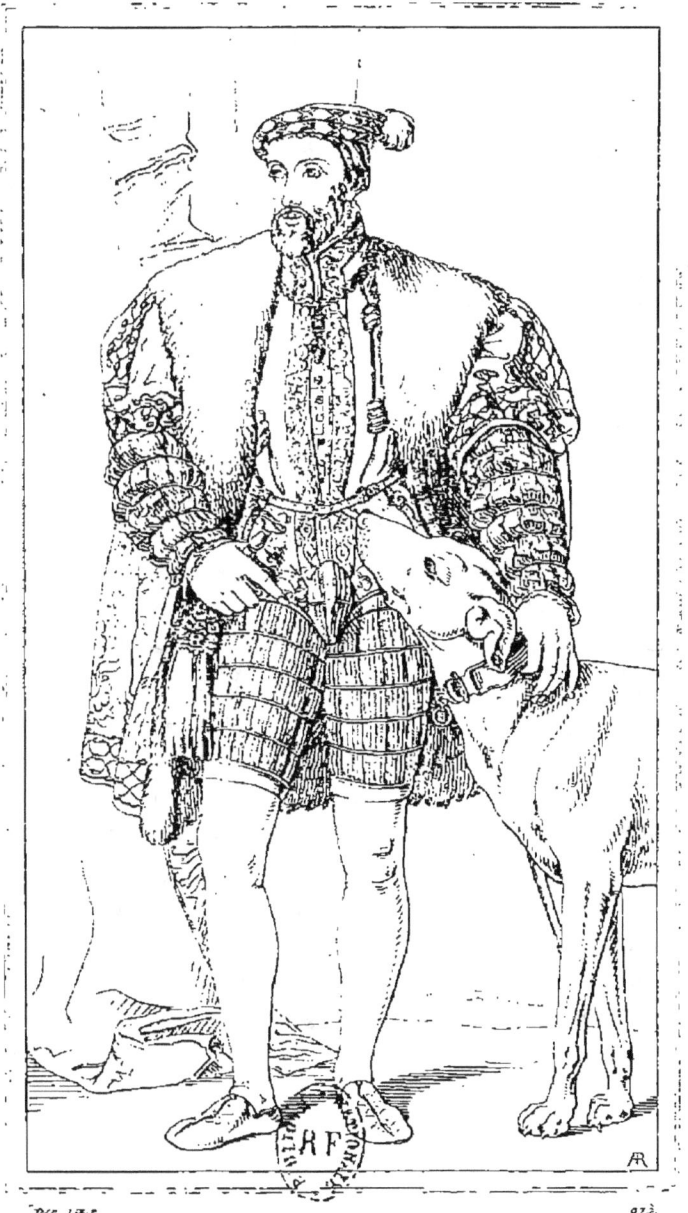

L' EMPEREUR CHARLES V.

L'EMPEREUR CHARLES V.

Né à Gand en 1500, Charles, archiduc d'Autriche, devint roi d'Espagne en 1516 par la mort de Jeanne sa mère. Il fut le premier roi de ce nom dans cette monarchie; mais nommé empereur en 1519, après la mort de Maximilien Ier., il fut le cinquième empereur du nom de Charles et reçut le nom de CHARLES-QUINT.

Ayant réuni successivement deux couronnes sur sa tête, ce qui était un événement extraordinaire, il eut, en 1556, la singularité d'abdiquer la couronne d'Espagne en faveur de son fils Philippe II, et fit élire empereur son frère Ferdinand Ier.; puis il se retira au couvent de Saint-Just en Castille et y mourut en 1558, huit jours après avoir assisté vivant à la cérémonie de ses funérailles.

L'empereur est debout; de la main gauche il flatte son chien favori, et de l'autre main il tient un chasse-mouches. Sa tête est couverte d'une toque noire ornée d'une plume blanche. Sa tunique est en drap d'or avec des manches tailladées, son par-dessus en soie blanche brochée d'or est doublé de fourrure, ses bas et ses souliers sont également en soie blanche. Le fond du tableau est noir, mais le rideau à gauche est vert.

Ce tableau du musée de Madrid a été lithographié par Cayetano Palmaroli; il est bien conservé, mais il n'est digne ni du maître qui l'a peint, ni du héros qui y est représenté, et ne peut entrer en comparaison avec le portrait du même personnage que l'on voit au musée de Munich et que nous avons donné sous le n°. 887.

Haut, 6 pieds; larg., 3 pieds.

97³.

THE EMPEROR CHARLES V.

Charles Archduke of Austria born at Ghent, in 1500 became King of Spain, by the death of his mother Jane, in 1516. He was the first King who bore that name under this monarchy; being elected Emperor in 1519, on the death of Maximilian the first, he was the 5th. of that name who held this dignity, and took the title of Charles the fifth.

Having successively united two crowns on his head, which was an extraordinary event, he was so singular as to abdicate that of Spain, in favour of his son Philip the second, and to make his brother Emperor, under the title of Ferdinand the first; then retiring to the convent of Saint Just in Castille, he died there in 1558, having assisted whilst living, at the ceremony of his own funeral obsequies, eight days before his decease.

The emperor is standing up; with his left hand, he is caressing his favourite dog, and with the other, he holds a fly-flapper. His head is covered with a black cap ornamented with a white plume; his tunic is of cloth of gold with slashed sleeves, his doublet of white silk worked with gold, and lined with fur, his stockings, and shoes, are also of white silk. The back ground of the picture is black, but the curtain on the left is green.

This picture of the Madrid Museum, has been engraved on stone by Cayetano Palmaroli; it is in good preservation, but neither worthy of the master who painted it, nor the hero represented there, nor can it enter into composition with the portrait of the same personage, exhibited in the Munich Museum, and of which we have spoken under n°. 887.

Heigth 6 feet 9 inches; breadth 3 feet 2 inches.

973.

PHILIPPE II ET SA MAÎTRESSE

PHILIPPE II ET SA MAITRESSE.

En nommant Philippe II, on se rappelle le prince, fils de Charles V, qui fut alternativement roi de Naples, roi d'Angleterre, roi d'Espagne et roi de Portugal; qui avec un génie élevé, une mémoire prodigieuse, ne se servit de ses facultés que pour le malheur de ceux qu'il eut à gouverner ; qui pour repousser l'hérésie, fit la guerre à toute l'Europe, et finit par perdre la Hollande; qui sut en même temps faire fleurir les arts, et construisit le fameux palais de l'Escurial, où il réunit un grand nombre de tableaux du plus grand mérite; qui enfin se fit remarquer par une piété apparente et une dissolution de mœurs dont il périt victime.

Philippe II épousa d'abord Marie, fille du roi de Portugal, ensuite Marie la Catholique, fille de Henri VIII, roi d'Angleterre, puis enfin la princesse Elisabeth, fille de Henri II, roi de France. Il eut aussi une grand nombre de maîtresses, c'est l'une d'elles dont Titien nous a représenté les traits. Son nom ne nous est pas parvenu, mais on peut voir qu'elle était d'une grande beauté. Les instrumens et les livres de musique qui sont près d'elle font penser qu'elle aimait cet art, et la flûte qu'elle tient à la main donne à entendre qu'elle jouait de cet instrument.

Ce tableau est très-précieux sous tous les rapports. Il appartint autrefois à la reine Christine de Suède; passa ensuite dans la Galerie du Palais-Royal; puis chez lord Fitz-William, qui le paya 25,000 fr. Il fut légué par lui à l'université de Cambridge.

Il a été gravé par J. Bouillard.

Larg., 6 pieds 1 pouces ; haut., 4 pieds 8 pouces.

☙◦❧

PHILIP II AND HIS MISTRESS.

When Philip II is mentioned, that prince is alluded to who was son to Charles V, and was alternately King of Naples, King-Consort of England, King of Spain, and King of Portugal; who, with a lofty genius, and a prodigious memory, made use of his mental powers only to contribute to the misery of those whom he had to govern; who, to repress heresy, waged war against all Europe, and finally lost Holland; who, at the same time, caused the Fine Arts to flourish and constructed the famous palace of the Escurial; and who distinguished himself by a simulated piety, and yet became the victim of the dissoluteness of his manners.

Philip II at first married Mary, daughter to the King of Portugal, then Mary, daughter to Henry VIII, King of England; and afterwards Princess Elizabeth, daughter to Henry II, King of France. He also had a great number of mistresses, the portrait of one of whom, Titian has given. Her name has not reached us, but it is evident she was very beautiful. The musical books and instruments near her, impart she was fond of that art; and the flute in her hand shows she used to play on that instrument.

This picture is very precious in every respect. It formerly belonged to Queen Christina of Sweden it afterwards came into the Gallery of the Palais Royal; belonged to Lord Fitz-William who purchased it for 25,000 franks, about L 1000, and was bequeathed by him to the Cambridge University.

It has been engraved by J. Bouillard.

Width 6 feet 5 ½ inches; height 4 feet 11 inches.

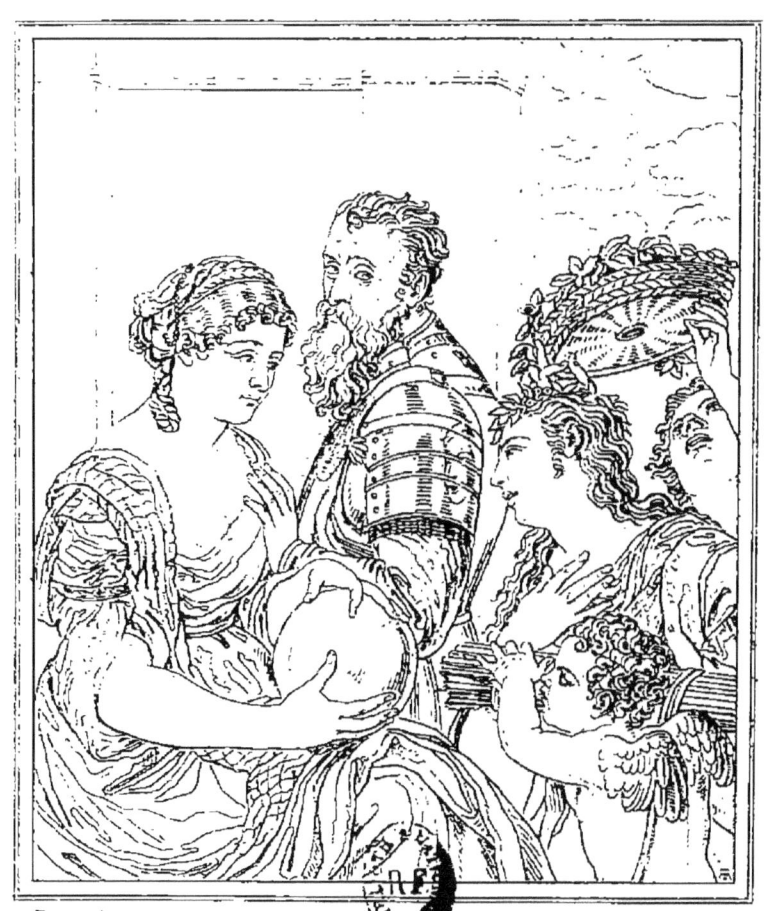

Titien pinx.   8n

ALPHONSE D'AVALOS ET SA MAITRESSE.

ALPHONSE D'AVALOS ET SA MAITRESSE.

Alphonse d'Avalos marquis del Guasto, général des ar-
mées de Charles V, naquit à Naples en 1502. Il fit ses premières armes sous le marquis de Pescaire son oncle auquel
il succéda. Il s'était trouvé en 1525 à la célèbre bataille de
Pavie, où François Ier. fut fait prisonnier; mais en 1544 il
fut à son tour battu complétement, à Cerizoles, par les
Français, sous la conduite du duc d'Enghien. Obligé de se
sauver, sa fuite parut d'autant plus honteuse, qu'on assure
qu'il s'était fait suivre par des chariots remplis de menottes,
pour les prisonniers qu'il comptait faire sur les Français.

La manière dont est posé Alphonse d'Avalos, doit faire
présumer que le peintre l'a représenté avec sa maîtresse.
Quant aux autres figures il serait difficile de deviner quelle
est l'allégorie que le peintre a cherché à rendre.

Ce précieux tableau a été exécuté avec un soin tout particulier. On y admire la suavité de la couleur, et le pinceau
le plus moelleux. Il fait depuis long-temps partie de la collection des tableaux du roi de France. Natalis en a donné
une belle gravure.

Haut., 3 pieds 5 pouces; larg., 3 pieds 3 pouces.

ALPHONSE AVALOS AND HIS MISTRESS.

Alphonso d'Avalos, Marquis del Guasto, general of the army of Charles V., was born at Naples in 1502. He served his first campaign under his uncle, the Marquis of Pescara, whom he succeeded in the command. He was present at the celebrated battle of Pavia, in 1525, in which Francis I. was made prisoner; but in 1544, he was completely beaten by the French, under the Duke d'Enghein, at Cerizoles, and forced to seek safety in flight : whichw as the more ignominious, from the presumption displayed by him before the battle : his army is said to have been followed by carriages, loaded with hand-cuffs for the French prisoners.

From d'Avalos's attitude it may be conjectured, that he is represented in the company of his mistress ; but what is the allegory meant to be expressed by the remaining figures, it is not easy to divine.

This valuable picture is painted with the utmost care : its sweet and mellow colouring is particularly admired. It has long pertained to the collection of the King of France, and has been finely engraved by Natalis.

Height, 3 feet 7 inches; width, 3 feet, 5 inches.

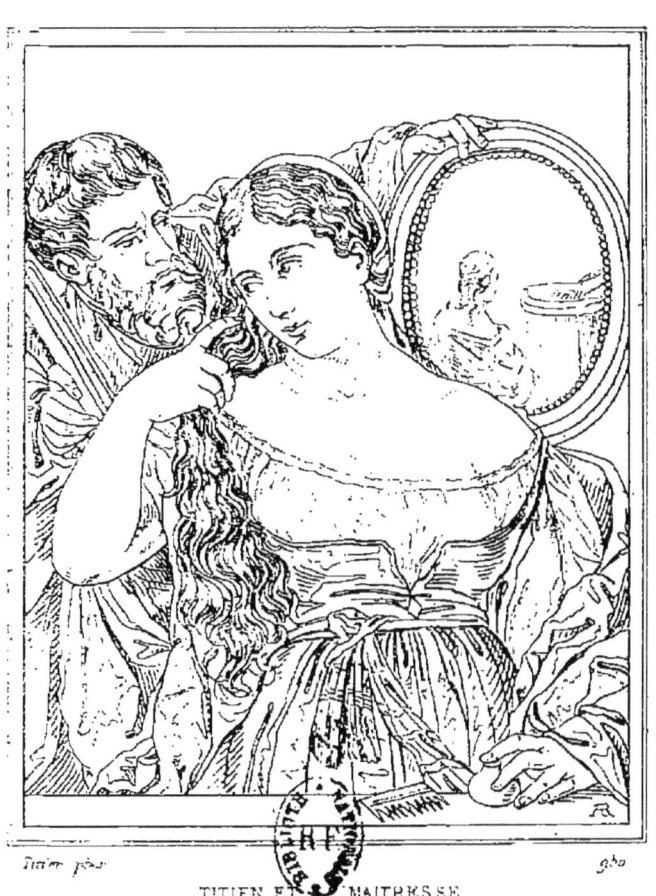

TITIEN ET SA MAITRESSE.

LA MAITRESSE DE TITIEN.

Ce portrait est bien posé, l'action de la femme est simple et pleine de charme. Le peintre, en choisissant le moment où elle fait sa toilette, a trouvé moyen de faire voir sa belle chevelure noire, qui donne plus d'éclat à la blancheur de sa main. Mais on ne peut s'empêcher de trouver quelque chose de singulier dans la pose de l'homme, tenant un miroir de chaque main, pour faciliter à cette femme le moyen de voir l'arrangement de ses cheveux, sur le derrière de sa tête.

Ce portrait a beaucoup souffert, les deux mains de l'homme et tout le fond ont été refaits, ainsi que la main gauche de la femme, qui même est fort mal dessinée. Ce tableau a appartenu à la reine de Suède : il fit ensuite partie de la galerie du Palais-Royal, et passa depuis en Angleterre où il fut payé 2500 francs par M. Bryan.

On en connaît plusieurs gravures, une par Henry Danckerts et une autre par Schlotterbeck.

Haut., 2 pieds 9 pouces ; Larg., 2 pieds 2 pouces.

TITIAN'S MISTRESS.

The position of this portrait is good, the action of the woman is simple, and pleasing.

The painter in selecting the moment in which she is at her toilette, has contrived to shew her beautiful black hair, which sets off the whiteness of her hand.

Something very singular however, appears in the position of the man holding a looking glass in each hand, to assist the woman in arranging her hair behind her head.

This portrait has suffered greatly, both hands of the man, and all the ground has been retouched, as well as the left hand of the woman which is very badly drawn.

It belonged to the queen of Sweden, afterwards, formed part of the gallery of the Palais Royal, and has since passed into England, where l. 100 was paid for it, by M. Bryan.

There are several engravings of it, one by Henry Dunkerton, another by Schlotterbeck.

Heigth 2 feet 10 inches ½; breadth 2 feet 3 inches ½.

950.

NOTICE

SUR

GEORGE BARBARELLI, DIT LE GIORGION.

George Barbarelli naquit en 1478, à Castel-Franco, dans la marche de Trévise. Élève des frères Bellini, il abandonna bientôt la manière mesquine de ces maîtres, pour se livrer à toute la hardiesse de son génie entreprenant. Nul avant lui n'avait possédé un maniement de pinceau aussi ferme, une composition aussi noble, ni l'art de produire autant d'effet à une certaine distance.

Vasari prétend que c'est en étudiant les ouvrages de Léonard de Vinci, que Giorgion a trouvé ces grandes et nobles inspirations qui le distinguent éminemment, mais cela est fort douteux ; ce qui ne l'est pas, c'est que Titien son condisciple fut d'abord son admirateur, et bientôt son imitateur. Giorgion se brouilla bientôt avec son émule, quand il vit le parti qu'il avait su tirer de l'étude de ses tableaux.

Les ouvrages de cet artiste furent en grande partie exécutés à fresque sur les façades de plusieurs maisons de Venise. Il n'en reste aujourd'hui que quelques débris. Ses tableaux à l'huile sont assez rares, il a fait davantage de portraits que l'on conserve avec grands soins, dans quelques collections ; mais ils sont moins nombreux que ceux du Titien, sa vie n'ayant été que du tiers de celle de ce célèbre peintre.

George Barbarelli mourut à Venise en 1511, âgé de 33 ans.

NOTICE

OF

GEORGE BARBARELLI, ALIAS LE GIORGION.

George Barbarelli was born in 1478, at Castel-Franco, in the march of Trevise. He was a pupil of the brothers Bellini, but soon forsook the stingy manner of those masters to give himself up to all the boldness of his enterprising genius. None before him had ever handled a pencil in such a steady bold way, had such a noble composition, nor the art of producing such an admirable effect at a certain distance.

Vasari maintains that it is in studying the works of Leonard de Vinci that Giorgion became possessor of those great and noble inspirations which eminently distinguish him, that is greatly doubtful; but what is most doubtless, is, that Titian his condisciple was at first his admirer, and soon after his imitator. Giorgion was not long in picking a quarrel with his competitor, when he saw the advantage he had reaped from the study of his pictures.

The works of this artist were mostly executed in fresco on the fronts of several houses at Venice. There now only remains a heap of rubbish. His oil-paintings are pretty scarce, he has performed many more portraits which are carefully kept up in a few collections; but they are less numerous than Titian's, his life having been but the third part of that celebrated painter.

George Barbarelli died at Venice in 1511, aged 33.

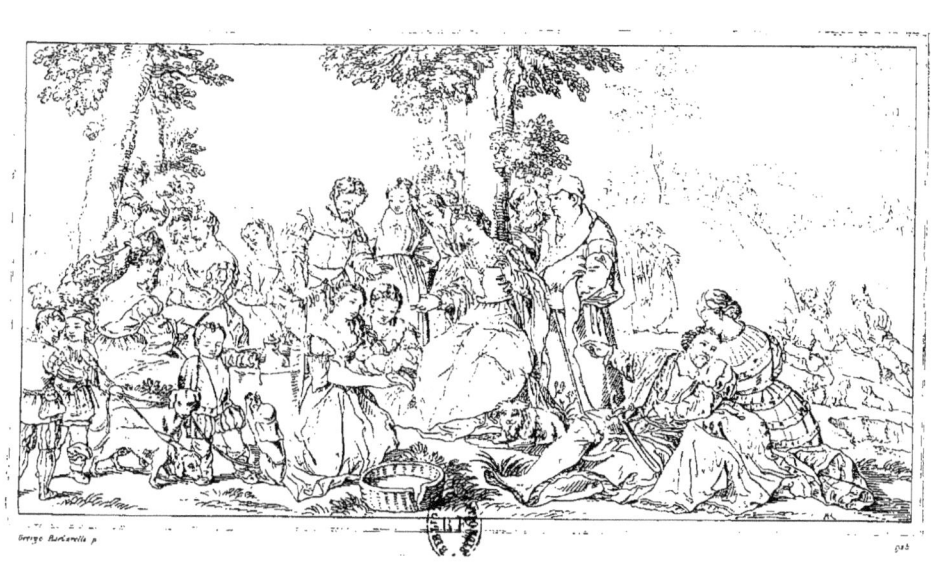

⊵⚬⊠

MOÏSE SAUVÉ DES EAUX.

Pharaon ayant ordonné de faire périr tous les enfans mâles au moment de leur naissance. La mère de Moïse le déroba à tous les yeux pendant trois mois. Mais, ne pouvant plus le tenir caché, elle prit un panier de jonc, et, l'ayant enduit de bitume et de poix, elle mit dedans le petit enfant et l'exposa parmi des roseaux, sur le bord du fleuve. La sœur de cet enfant se tint auprès pour voir ce qui arriverait. La fille de Pharaon vint au fleuve pour se baigner, et ses femmes marchaient sur le bord du fleuve. Elle, ayant aperçu ce panier, envoya une de ces femmes qui le lui apporta »

Georges Barbarelli, plus connu sous le nom de Giorgion, ne s'est pas astreint ici aux mœurs et aux coutumes du temps qu'il représentait. Le paysage est un site d'Italie, il n'a aucun rapport avec l'Égypte. Les personnages sont tous vêtus suivant la mode vénitienne du XVIe siècle. Sans doute, lorsque la fille de Pharaon allait se baigner dans le Nil, elle n'était pas accompagnée d'officiers ni de pages, et certainement elle n'avait pas un nain chargé de conduire un singe pour l'amuser dans ses promenades.

Un tel manque de convenance ne doit pas empêcher de reconnaître ce tableau pour un ouvrage magnifique. Les groupes sont bien distribués; les figures bien drapées avec de riches étoffes ; le coloris est brillant, les carnations superbes. Le paysage a cependant un peu poussé au noir; mais les fonds sont bien conservés, et particulièrement la chasse que l'on voit à droite.

Ce grand tableau, du Musée de Milan, était autrefois à 'archevêché. Il a été gravé par Pierre Aveline et par Giberti.

Larg., 10 pieds ; haut., 5 pieds.

925.

MOSES SAVED FROM THE WATERS.

Pharaoh having commanded that all the Israelitish male children should be but to death, the mother of Moses concealed him three months, but no longer able to do so, she took a basket of rush, and having covered it with bitumen and pitch, she put the little child into it, and exposed him among the bul-rushes. The sister of the child watched near, to see what would happen to him. Pharaoh's daughter came to the river to bathe, whilst her women walked on the edge of the river. Then perceiving the basket, she sent one of her damsels who brought it to her.

George Barbarelli, better known under the name of Giorgio, has not confined himself to the manners and customs of the times he represented, the landscape is that of Italy, and has no resemblance to that of Egypt, the persons also, are all drest in the Venetian style of the 16th. century. Without doubt when the princess went to bathe in the Nile, she was not accompanied either by officers or pages, and certainly had no dwarf to conduct a monkey to amuse her in her walk.

Such a want of probability does not however prevent this picture from being considered as a work of great merit, the groups are well arranged, the figures well clothed with rich stuffs, the colouring is brilliant, and the flesh beautiful. The landscape is nevertheless rather too black, the groundwork is however well done and particularly the chace, which is seen to the right.

This extraordinary picture from the Museum of Milan was formerly at the Archbishop's Palace.

It has been engraved by Peter Aveline and by Giberti,

Width 10 feet 7 inches; height 5 feet 3 inches.

925.

NOTICE

SUR

BONAVENTURE TISIO, DIT GAROFANO.

Bonaventure Tisio naquit à Ferrare, en 1481. L'habitude qu'il avait de placer ordinairement un œillet dans ses tableaux, lui a fait donner le nom de *Garofano*, et même par corruption celui de *Garofalo*.

Les premiers maîtres de Garofano étaient sans talens, et jusqu'à 25 ans il ne fit que de médiocres tableaux. Mais étant venu alors à Rome, il y fit une étude si approfondie des chefs-d'œuvre de Raphaël, qu'il parvint bientôt à l'imiter. Il fit même de sa fameuse Transfiguration une copie très-estimée, qui appartint long-temps au cardinal Mazarin.

On assure que sur la fin de sa vie Garofano employait les dimanches et les fêtes à peindre gratuitement des tableaux de piété pour quelques couvens. L'Arioste étant venu le voir un jour, tandis qu'il faisait ainsi un tableau du séjour des Élus, ce poëte lui dit plaisamment. « Vous devriez bien me placer dans votre paradis, car je ne prends pas trop le chemin de l'autre. » En effet il plaça sa figure entre celles de saint Sébastien et de sainte Catherine.

Les tableaux de Garofano sont assez recherchés pour qu'on lui ait attribué souvent des ouvrages qui lui sont étrangers.

Il mourut, à ce que l'on croit, en 1559.

NOTICE

OF

BONAVENTURA TISIO, CALLED GAROFANO.

Bonaventura Tisio, was born at Ferrara in 1481. The custom which he had of generally putting a carnation in his pictures, acquired him the name of Garofano and even by corruption that of Garofalo.

The first masters of Garofano, were not persons of talent, and till the age of 25 he painted but indifferently. However on his arrival in Rome, he studied the master pieces of Raphael with so great a degree of attention, that he was soon capable of imitating them, and made a highly esteemed copy of the Transfiguration of that eminent master, which was long in the possession of Cardinal Mazarin.

We are assured that towards the end of his life, Garofano employed himself on sundays, and days of festival, in painting religious subjects gratuitously, for certain convents. Ariosto one day having paid him a visit, whilst he was thus employed in painting a representation of the abode of the blessed, said to him jocosely « You ought to give me a place in your paradise, for I don't follow the road of the other one, too well » in consequence of which, the painter placed him between Saint Sebastian and Saint Catherine.

The pictures of this master are so much sought for, that others have been attributed to his pencil which he never painted. He died as is thought in 1559.

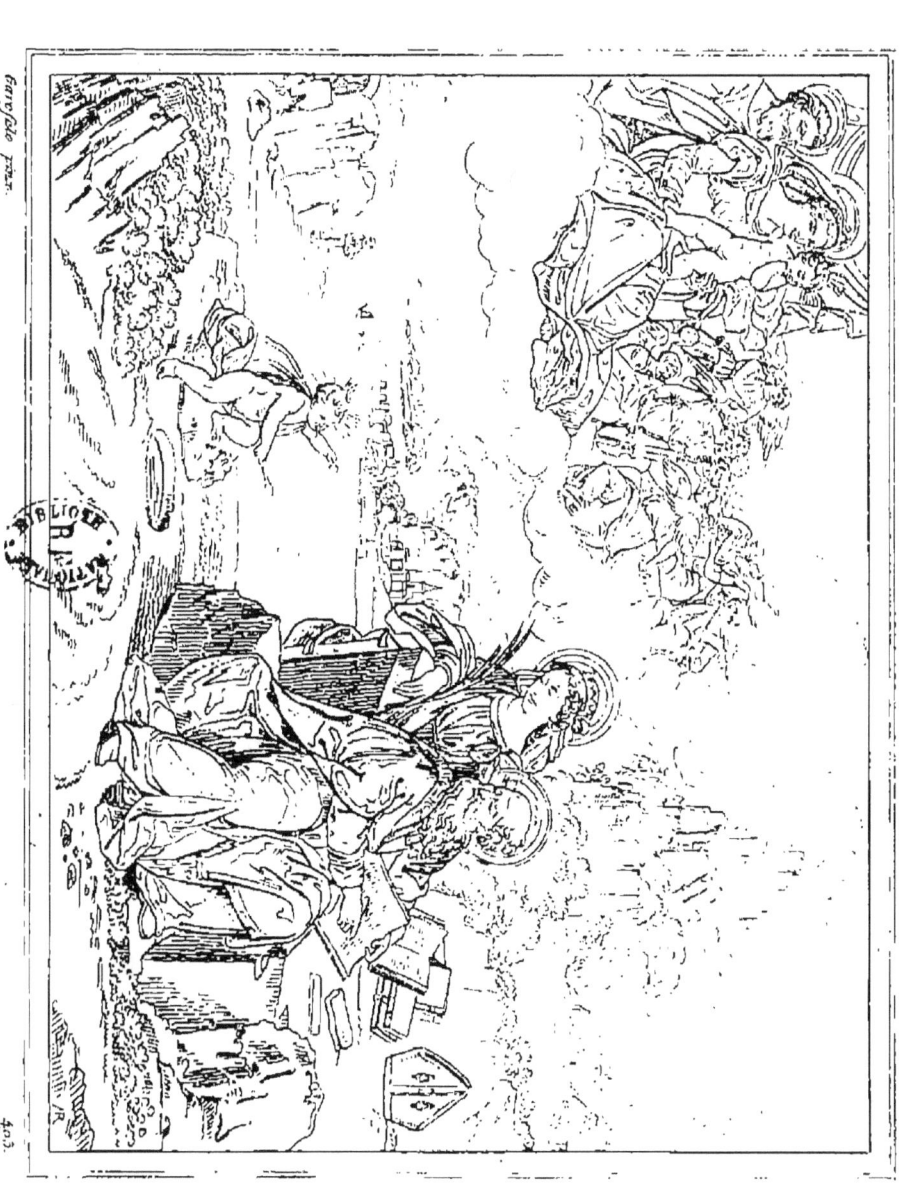

427

VISION DE SAINT AUGUSTIN.

Après avoir passé sa jeunesse dans l'éloignement de Dieu, saint Augustin, ayant adopté les erreurs des manichéens, cherchait cependant encore à connaitre la vérité. Il balançait toujours à reconnaitre le mystère de la Trinité et les autres dogmes de la foi catholique ; mais il fut tiré de cette incertitude par une vision céleste, dans laquelle il aperçut au bord de la mer, près d'un trou fait dans le sable, un enfant assis qui lui dit : « Il serait plus facile de transporter, avec la cuiller que je tiens, toute l'eau de l'océan dans ce petit creux, que d'élever l'intelligence humaine à la hauteur des mystères sublimes de la religion. »

Le peintre Garofalo, voulant représenter un de ces mystères, a montré dans une gloire céleste la Vierge et l'enfant Jésus avec saint Joseph. On peut regarder comme un anachronisme d'avoir donné à saint Augustin les marques de l'épiscopat, puisqu'à l'époque où il eut cette vision, il n'était pas encore revêtu de cette dignité. C'est aussi par une licence dont nous avons bien des exemples, que l'on voit près de lui la figure de sainte Catherine qui n'a aucun rapport avec le sujet.

Les têtes sont remplies d'expression, de noblesse et de beauté. Les figures, élégantes et bien drapées, donnent une juste idée du talent de Garofalo, l'un des meilleurs imitateurs de Raphaël. Ce tableau, peint sur bois, était autrefois à Rome dans la collection du prince Corsini. Apporté en Angleterre en 1801, par M. Ottley, on le voit maintenant dans le cabinet de Guillaume Holwell-Carr ; il a été gravé par P. W. Tomkins.

Larg., 2 pieds 6 pouces ; haut., 1 pied 11 pouces.

493.

⋙●⋘

THE VISION OF S^t. AUGUSTIN.

After spending his youth unmindful of God, St. Augustin adopted the errors of the Manicheans, and yet he sought to know the truth. He was still hesitating to acknowledge the mystery of the Trinity, and the other dogmas of the Catholic Faith, when he was drawn from this uncertainty by a celestial vision, in which he perceived on the sea-shore, near a hole in the sand, a child sitting, who said to him : « It would be easier to remove, with the ladle I hold in my hand, all the water of the ocean into this little hollow, than to raise the human understanding to a level with the sublime mysteries of Religion. »

The artist Garofalo, wishing to delineate one of those mysteries, has represented, in a celestial glory, the Virgin and the Infant Jesus with St. Joseph. It may be considered an anachronism to have given to St. Augustin the marks of Episcopacy, since at the time when he had this vision, he was not yet invested with that dignity. It is also a licence, of which there are many examples, to have placed near him, the figure of St. Catherine that has no connexion with the subject.

The heads are full of expression, grandeur, and beauty. The figures, elegant and well draped, give a correct idea of Garofalo's talent, one of Raphael's best imitators. This picture, which is painted on wood, was formerly at Rome, in Prince Corsini's Collection Brought to England in 1801, by M. Ottley, it is now in the possession of the Rev. W. Holwell Carr; it has been engraved by P. W. Tomkins.

Width, 2 feet 8 inches; height, 24 inches.

www.ingramcontent.com/pod-product-compliance
Lightning Source LLC
Chambersburg PA
CBHW051351220526
45469CB00001B/205